LUIS PAZOS

¿PORQUE CHIAPAS?

EDITORIAL DIANA
MEXICO

1a. Edición, Febrero de 1994
6a. Impresión, Abril de 1994

Fotografías de portada: Sergio Dorantes

ISBN 968-13-2633-4

A la memoria de los estudiantes
inmolados en Tlatelolco el 2 de octubre de 1968.

A la memoria de los indígenas
sacrificados en Chiapas en enero de 1994.

Estigma para quienes utilizaron la muerte
de estudiantes e indígenas para lograr poder
político y reconocimientos.

CONTENIDO

TESTIMONIOS Y DOCUMENTOS

LA RESPONSABILIDAD GUBERNAMENTAL

La miseria y las injusticias son consideradas por muchos analistas como las principales causas del levantamiento armado en Chiapas. En Chiapas hay miseria, atraso y existen injusticias. Y, como en muchos lugares de la República, funcionarios mediocres, corruptos y arbitrarios.

Esa situación facilitó la organización y proliferación de los insurrectos. Sin embargo, nos llevaría a conclusiones equivocadas y, por lo tanto, a recomendaciones erróneas, pensar que el problema armado es fundamentalmente causa del atraso y de los malos gobernantes de Chiapas o de la baja inversión federal en la región.

Es cierto, el atraso permitió penetrar a la insurrección y los gobernantes mediocres y corruptos les facilitaron ganar simpatías entre muchos sectores de la población, pero no radican en esos factores las principales causas del movimiento armado.

Por Chiapas han desfilado una gran cantidad de activistas de diversas nacionalidades que durante varios años, con el apoyo de los llamados teólogos de la liberación, formaron cuadros para integrar lo que bautizaron como el **Ejército Zapatista de Liberación Nacional.**

El conflicto no estalló el 1 de enero del 94 como una respuesta a la miseria y a los malos gobernantes, sino como un medio de presión política para debilitar al grupo salinista y contrarrestar las expectativas positivas internacionales de inversión, que se abrían para México con la entrada en vigencia ese día del TLC. También para crear posibilidades a los grupos de izquierda de expriístas, ahora en la oposición o desempleados, de ganar espacios políticos en el próximo gobierno, al presentar el conflicto como el resultado de las políticas "**Neoliberales Salinistas".**

Lo sucedido en Chiapas quizá le haga ver al gobierno la necesidad de designar mejores funcionarios en los estados. Y que el partido en el poder, el PRI, seleccione como candidatos a gobernadores, no a los amigos del presidente, aunque sean ineficientes y desconocidos en la entidad, sino a personas honestas y comprometidas con el grupo social donde buscan gobernar.

En muchos estados de la República han sido colocados como gobernadores, políticos prácticamente desconocidos en la entidad. Y una vez gobernadores, buscan principalmente enriquecerse y hacer negocio junto con toda la camarilla que los rodea, quedar bien con el centro y en último término hacer algo por el estado que les dieron para gobernar.

En mis viajes a diversos estados de la República la queja constante es el enriquecimiento de los gobernadores, familiares y sus más cercanos colaboradores: ranchos, residencias, constructoras, etc. Esas situaciones facilitan el camino a cualquier grupo que busque una insurrección.

El gobierno equivocadamente piensa que gastando más dinero en Chiapas va a solucionar el problema. Falso, la violencia organizada no fue producto del atraso, aunque les facilitó el camino.

La solución no es aventar dinero a manos llenas en Chiapas de aquí a las elecciones para acallar o comprar conciencias, sino correr el riesgo de un juego democrático y nombrar mejores funcionarios en la región y en todo México. Mejorar la administración de justicia y desburocratizar al estado.

La violencia de Chiapas iniciada el 1o de enero, aunque claramente artificial, no exculpa al gobierno de lo ahí sucedido. Pero un análisis erróneo de las causas y objetivos del movimiento armado violento, puede llevarnos a soluciones equivocadas.

NUEVOS TÉRMINOS, MISMAS IDEAS

Hasta la década de los 80's, los socialistas señalaban al sistema capitalista como el enemigo a vencer. En los 90's el socialismo fracasó en la ex-URSS y en casi todo el mundo. Actualmente está clara la superioridad para generar riqueza y bienestar del sistema de mercado. (Véase mi libro **Del Socialismo Al Mercado**, Editorial Diana.)

Ahora, los partidarios del socialismo o neo-socialistas se avergüenzan de declararse abiertamente socialistas. Y a las políticas que antes llamaban capitalistas les dan el nombre de **neoliberales**.

Al analizar los términos usados por los portavoces de la guerrilla, al dar a conocer sus programas y finalidades, todavía se expresaron en la terminología socialista de décadas anteriores: "terminar con el capitalismo", "lucha contra la burguesía", "instauración del socialismo", etc., conceptos que dejan clara su filiación ideológica.

Pero si analizamos las expresiones usadas por la mayoría de los políticos, intelectuales y periodistas izquierdistas, ya no hablan de luchar contra el capitalismo, sino ahora el enemigo es el neoliberalismo. La palabra **neoliberalismo** a sustituido al término **capitalismo** en la lexicología política de los **neosocialistas.** Tampoco señalan claramente al imperialismo yanqui como explotador, simplemente se declaran enemigos del Tratado de Libre Comercio, que para ellos materializa las relaciones con el imperialismo yanqui.

Los neosocialistas consideran pasado de moda hablar de imperialismo, burguesía y capitalismo. Aunque mentalmente conserven los mismos esquemas que los marxistas-leninistas, se expresan con diferentes palabras.

LAS ETIQUETAS

Uno de los expedientes más socorridos por los intelectuales que durante muchos años apoyaron políticas y sistemas económicos que actualmente están desprestigiados, es encasillar bajo la etiqueta de "neoliberalismo", todo esfuerzo por corregir las políticas proteccionistas y estatistas.

Los neosocialistas o socialistas nostálgicos son quienes añoran las teorías socialistas, pero saben que ya no son aceptadas como solución por la mayoría de los estudiosos de las ciencias sociales, si son presentadas bajo la etiqueta de socialistas.

A partir del abandono por la ex-Unión de Repúblicas Socialistas Soviéticas y de los demás países de Europa del Este del socialismo, por ineficiente y antidemocrático, ya no se atreven a llamarse públicamente socialistas ni a bautizar sus programas socialistas como socialistas, pero a la vez siguen añorando esas ideas. Piensan que lo que falló fue su instrumentación en medio mundo por tres cuartos de siglo y no el sistema.

Por otro lado, no superan su rechazo y odio a todo lo que suene a mercado, libertad económica o capitalismo. Aunque como también los ataques al capitalismo están en desuso, ahora prefieren encasillar las políticas de libre empresa o mercado bajo el término de "neoliberalismo".

13

Al presentar al liberalismo como una ideología que no contempla el bienestar social y antihumanista, los neo-socialistas han embaucado a muchos católicos que piensan que las soluciones de mercado y libre empresa pertenecen a un sistema anticatólico y antihumanista llamado neoliberalismo.

Ante la falta de un proyecto positivo que proponer y su confusión mental ante el fracaso de los modelos que durante toda su vida defendieron, los neosocialistas, se valen de trampas históricas y académicas para desacreditar los nuevos cambios económicos para desmantelar el estatismo.

Pero es triste que intelectuales y eclesiásticos que durante mucho tiempo combatieron el socialismo como una doctrina totalitaria y contraria a los valores cristianos, sean comparsas de los socialistas nostálgicos en sus ataques a las nuevas políticas económicas que, aunque con grandes defectos, tratan de sacar al país del caos, inflación y miseria en que lo sumieron las políticas socialistas y estatistas que prevalecieron en México en las décadas anteriores.

La campaña para identificar la apertura, la privatización y el equilibrio presupuestal, con un orden social "antihumanista" y contrario a los valores cristianos, ha empezado a surtir efectos.

Ya encontramos importantes sectores de académicos, eclesiásticos y empresarios que son utilizados por los "neoconservadores" del estatismo, para evitar que se consoliden y funcionen los mecanismos de mercado como una alternativa ante el proteccionismo y estatismo que imperó en México en las últimas décadas.

LÓGICA ECONÓMICA

Ante la confusión de los términos derecha, izquierda, socialismo, capitalismo, neoliberalismo o neosocialismo, aconsejo hablar de **lógica económica**, es decir, principios socioeconómicos que parten de la acción lógica del ser humano en la sociedad.

Lo que llamo **lógica económica** se fundamenta en los derechos naturales, en la razón y en la naturaleza racional y libre del ser humano.

Es por ello que en mis libros y artículos no solamente me baso en cifras y experiencias históricas, sino en el actuar lógico y natural del ser humano.

Por lógica, el ser humano progresa cuando le garantizan su propiedad y su libertad. Por lógica, el ser humano produce para los demás mientras recibe un beneficio. Y en la medida en que el beneficio se reduce o desaparece, disminuye o cesa su producción para el mercado. Esas afirmaciones no son de derecha ni de izquierda, sino de lógica económica.

LA BÚSQUEDA DE SOLUCIONES

Ojalá los neosocialistas y socialistas nostálgicos

analicen las leyes y políticas económicas en base a la naturaleza del ser humano y no en obsoletas ideologías que deforman la realidad e impiden avanzar por el camino del verdadero conocimiento científico y lógico de los fenómenos sociales y, por lo tanto, de verdaderas soluciones a los problemas sociales.

MANIPULACIÓN DE FECHAS

Los neosocialistas que analizan el conflicto armado en Chiapas parten de la premisa que los lectores son olvidadizos. Tratan de responsabilizar a las recientes políticas de apertura, privatización, desregulación económica y control de la inflación, que en su mayoría se empezaron a aplicar en este sexenio, de un atraso y miseria, producto de 18 o más años de políticas socializantes y populistas.

Demuestra parcialidad y un afán de utilizar el conflicto de Chiapas con fines políticos e ideológicos, pasar por alto una elemental consideración cronológica, al señalar que el levantamiento armado es consecuencia del neoliberalismo aplicado bajo el gobierno salinista.

Las políticas a las que los neosocialistas llaman neoliberales: privatización, apertura, desregulación, equilibrio presupuestal, entre otras, apenas se empiezan a aplicar, aunque no totalmente, en este sexenio.

Los jefes guerrilleros en Chiapas expresaron a la prensa que se constituyeron en un movimiento armado para luchar por reivindicar a los oprimidos desde 1983:

"**Llevamos 10 años en empezar el entrenamiento militar, y queremos que haya paz**", declaró a la prensa el mayor "Mario", lugarteniente directo del principal jefe del EZLN, el subcomandante "Marcos". (**Universal** 18/1/94).

Seis años antes de llegar Salinas al poder y del "Neoliberalismo", un año después de terminar el gobierno populista y neosocialista de López Portillo, se inició el movimiento guerrillero en Chiapas.

En todo caso, desde el punto de vista cronológico e histórico, las políticas que los llevaron a las armas fueron las derivadas de los gobiernos de Echeverría y López Portillo. Paradójicamente parecidas a las que ellos proponen como soluciones al atraso de Chiapas.

En gran parte la pobreza de esa región se debe a una reforma agraria demagógica que durante 75 años impidió la capitalización y la modernización del agro en todo México. (Véase mi libro **La Disputa por el Ejido**, Editorial Diana, para conocer el daño que causó a la economía del país la reforma agraria.)

Hace poco escuché a un seudo-especialista de una Universidad de Washington en una entrevista por televisión de un canal hispano de EU, afirmar que la "rebelión indígena de Chiapas era debida a los cambios del Artículo 27 Constitucional que permitían la venta del ejido".

Puede ser explicable que un profesor extranjero neosocialista, que sólo conoce la realidad nacional a través de lo que lee de otros socialistas, exprese esas aberraciones, pero no un mexicano que reside en México.

Cualquier analista nacional serio, no dogmático, sabe que la nueva legislación agraria todavía no se instrumenta en casi ninguna parte del país y menos en Chiapas.

La miseria y atraso de Chiapas tiene su origen en políticas anteriores a los cambios iniciados por el actual gobierno, aunque la administración actual es también responsable, no por haber cambiado la situación de Chiapas con sus políticas que la izquierda llama neoliberales, sino por haber mantenido casi todas las mismas políticas que encontró.

El levantamiento de Chiapas no es fundamentalmente una respuesta al atraso de esa zona, sino la búsqueda de espacios políticos y poder, por grupos que trascienden los problemas de la región.

La insurrección está basada en concepciones y fines ajenos a la cultura indígena y a las verdaderas carencias del sureste mexicano.

En sus comunicados y entrevistas los guerrilleros han manifestado que buscan terminar con el capitalismo, derogar el Tratado de Libre Comercio e instaurar el socialismo. Para el 99% de los indígenas chiapanecos esos objetivos no tienen sentido. Es difícil que perciban el daño o beneficio futuro del TLC.

Tampoco la subversión tiene su causa en el fracaso de las políticas llamadas neoliberales, las que todavía no se aplican en esa región. Ni en las nuevas leyes agrarias a nivel federal, las que a estas fechas todavía no pasan del papel en la mayor parte del territorio nacional.

Identificar y reconocer las verdaderas causas del conflicto de Chiapas es el primer paso serio para presentar verdaderas soluciones y lograr la paz y el desarrollo de esa región.

Las mal llamadas políticas neoliberales aplicadas por el gobierno de Salinas, que en realidad son una serie de modificaciones de sentido común, necesarias para frenar un proceso inflacionario de tres dígitos, consecuencia de las políticas populistas, apenas se empiezan a aplicar. Es falso afirmar que la miseria de las regiones indígenas y rurales en México se derivan de ellas.

Las política económicas de Salinas pueden ser erróneas en varios aspectos. Errores que analizo en el libro **El final de Salinas**, pero no son la causa de la añeja miseria y atraso de las zonas rurales mexicanas.

De generalizarse la opinión, de que lo que apenas empieza, falló (apertura, privatización, desregulación etc.), podemos caer nuevamente en las políticas populistas de décadas pasadas, responsables en gran parte no tan sólo del atraso, sino del retroceso en los niveles de vida en varias partes del país en la década de los 80's, cuando el Producto por Habitante cayó en la República Mexicana un 9% (datos de la CEPAL.)

Muchos analistas empiezan a recomendar para lograr una mejor distribución del ingreso y la ayuda a las clases necesitadas, aumentos en los gastos gubernamentales, subsidios y mayor intervención estatal en la economía, como en tiempos del licenciado Echeverría y López Portillo. Parecen olvidar que esas estrategias sólo generaron inflación y corrupción.

La solución permanente al problema de la pobreza, como lo demuestra la realidad económica del siglo XX, está en una mayor inversión privada productiva y no en un mayor gasto estatal, llámese social o bajo cualquier otro nombre.

Los cambios de Salinas no son todos positivos ni suficientes y tienen un costo social, pero menor al que hubiéramos pagado de no haberse aplicado.

Brasil, con niveles de inflación de más de 2 700% en 1993, es un ejemplo de cómo estaría México de no haberse frenado la inflación. Reducir la inflación implica necesariamente menores crecimientos económicos mientras se reduce la inflación.

Uno de los errores de Salinas del 90 al 92 fue buscar crecer a la vez que bajar la inflación.

La lucha contra la inflación significa desempleo y menor actividad económica a corto plazo. Esa etapa puede ser aprovechada por políticos y partidos de oposición. Por ello, a los gobiernos débiles, sin apoyo de la población, se les dificulta reducir los niveles inflacionarios.

Muchos de los cambios de Salinas, más que derivarse de una ideología neoliberal o de un liberalismo social, fueron una respuesta necesaria e impostergable al desorden inflacionario y devaluatorio heredado de los gobiernos populistas anteriores, muchos de cuyos actores se encuentran ahora en la oposición, buscando entrar nuevamente a los círculos del poder gracias al conflicto chiapaneco.

El grupo gobernante, ante las presiones de los neosocialistas, puede caer nuevamente en el error de pensar, al igual que sucedió con Echeverría, que a través del mayor gasto público, mayor burocracia y empleos en organismos, empresas y fideicomisos, se puede reducir la miseria en los grupos más atrasados.

A Echeverría lo asustaron con más movimientos como los del 68 si no adoptaba políticas populistas y neosocialistas. Ahora el "coco" para Salinas y Colosio es "más movimientos como el de Chiapas".

INFLACIÓN Y POPULISMO

Si volvemos a las políticas populistas, financiadas generalmente con el impuesto inflacionario, regresarán los aumentos de precios que a quienes más empobrecen son a los indígenas. Los habitantes de las zonas atrasadas y pobres son generalmente los últimos en enterarse de la pérdida de poder de compra de lo que reciben por jornal, venta de animales, semillas, productos agropecuarios o artesanías.

21

Recordemos que la inflación en principio beneficia a los burócratas que gastan. Y aunque teóricamente gasten para los pobres, los pobres son los que menos se benefician.

Existen un sinnúmero de organismos y programas en México, desde las épocas de Lázaro Cárdenas hasta la fecha, que demuestran el fracaso de los programas y subsidios gubernamentales para sacar a los indígenas de la miseria.

Por ejemplo, el Instituto Nacional Indigenista gasta o gastaba, aproximadamente el 80% de su presupuesto en sueldos y salarios de su personal, un 15% en viáticos y proyectos y menos del 5% se puede considerar que llega como ayuda directa a los indígenas.

En Chiapas, gran parte del presupuesto del PRONASOL se destinó a la construcción de inmuebles o actividades que en muy poco o nada beneficiaron a los indígenas. Y si nos vamos para atrás, como el caso de las agroindustrias bajo Echeverría, vemos que no dieron ningún resultado.

La creación de fideicomisos en la selva lacandona en favor de los indígenas sólo generó desforestación y venta ilegal de los beneficios a que ese fideicomiso daba lugar. Los lacandones siguieron igual de atrasados.

Los grandes proyectos cardenistas de emporios agrarios con las fincas y latifundios expropiados, sólo generaron ruinas.

Las políticas expropiatorias de Lázaro Cárdenas no terminaron en una revolución gracias a la válvula de escape que significó la migración de millones de campesinos hacia los Estados Unidos.

Los estados donde Cárdenas tuvo una mayor influencia, como fue Michoacán, es de donde emigran un mayor porcentaje de campesinos hacia los Estados Unidos.

MISERIA Y VIOLENCIA

Un ganadero yucateco llamado Laurencio me comentó que hace tres años visitó el estado de Chiapas con el objetivo de invertir en la compra de un rancho. De diez ranchos en venta que visitó, cinco estaban completamente invadidos y dos parcialmente. A la conclusión que llegó es que no era un estado apto para la inversión en el campo.

La baja internacional del precio del café ha sido un factor que influyó para un menor desarrollo de la región en los últimos años, junto con gobiernos mediocres y corruptos, pero otro factor que ha coadyuvado para mantenerla atrasada es la gran cantidad de problemas políticos creados por invasiones de tierras, lidereadas muchas veces por grupos dogmáticos de izquierda que en su mayoría no son indígenas o pobres a los que dicen representar.

Desde hace años varios pueblos de Chiapas, entre ellos San Cristóbal, se convirtieron en centros de subversivos y de activistas. El obispo de San Cristóbal, Samuel Ruiz, ya ha tenido varios enfrentamientos con el gobierno y el Vaticano por la participación de los sacerdotes de su diócesis en invasiones y las conexiones con grupos de subversivos centro, sudamericanos y europeos.

Chiapas es un estado pobre, pero resulta infantil pensar que únicamente la pobreza generó la subversión armada en esa región.

La pobreza fue el caldo de cultivo de la subversión, pero otros pusieron los ingredientes, lo cocinaron y lo sirvieron en el momento adecuado.

En una entrevista a la prensa uno de los dirigentes que se hizo llamar capitán Mariano dijo claramente:

"No queremos nada más un cambio de gobierno, está claro es por el socialismo; queremos exterminar el sistema capitalista e instituir el socialismo como muchos países lo han hecho y bajo ninguna condición vamos a deponer las armas... somos un ejército del pueblo no de la burguesía". (Entrevista con el corresponsal de **Excélsior** Miguel González, 4-1-94.)

Los indígenas son carne de cañón. Lo importante parece ser utilizarlos, no reivindicarlos.

Aunque la meta de implantar un régimen económico que la realidad mundial se ha encargado de mostrar es un fracaso, el socialismo, tampoco creo que sea su principal objetivo en Chiapas.

¿Guerrillero mexicano?

Diferencias entre un soldado raso y un líder, ambos de la guerrilla, en su forma de vestir y con el equipo militar con el que cuentan

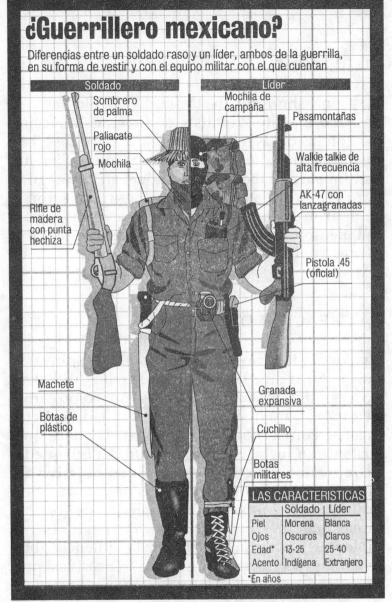

Soldado

- Sombrero de palma
- Paliacate rojo
- Mochila
- Rifle de madera con punta hechiza
- Machete
- Botas de plástico

Líder

- Mochila de campaña
- Pasamontañas
- Walkie talkie de alta frecuencia
- AK-47 con lanzagranadas
- Pistola .45 (oficial)
- Granada expansiva
- Cuchillo
- Botas militares

LAS CARACTERISTICAS

	Soldado	Líder
Piel	Morena	Blanca
Ojos	Oscuros	Claros
Edad*	13-25	25-40
Acento	Indígena	Extranjero

*En años

Traje de campaña

Vestimenta, armamento y características físicas marcan diferencias entre los jefes de la guerrilla y la mayoría de los elementos que han enfrentado al Ejército. (Juan José Coello)

Cortesía de los periódicos **Reforma** y **Norte**.

SIMILITUDES

Hay una similitud de tácticas e ideologías del llamado Ejército Zapatista de Liberación Nacional con las del ejército Farabundo Martí de Liberación Nacional en El Salvador y con el Ejército Sandinista de Liberación Nacional en Nicaragua. Pero lo que no está claro es quiénes financiaron y solaparon la formación, manutención y armas del bien pertrechado y entrenado grupo de dirigentes guerrilleros.

LA CREACIÓN DE VICTIMAS

Una de las tácticas de los movimientos subversivos es atacar directamente a los ejércitos, utilizando a estudiantes, obreros o indígenas como carne de cañón, para que éstos, en su calidad de víctimas, se conviertan en la principal bandera que sustente su lucha a nivel nacional. **La búsqueda de represión y víctimas es el primer objetivo de la mayoría de los movimientos socialistas violentos**. Posteriormente, editorialistas, políticos e intelectualoides neosocialistas, de facciones no violentas, empiezan a justificar la violencia guerrillera y a condenar los actos represivos por parte de los soldados, que generalmente se dan después de los actos de provocación. Lo más importante para los subversivos es la repercusión propagandística nacional e internacional de sus acciones.

El modelo de insurrección de Chiapas se vivió

en los 70's, y 80's en Guatemala, Nicaragua, El Salvador y Perú, entre otros países. El nombre del movimiento, su vestimenta, sus estrategias, su retórica marxista, sus ligas con la llamada iglesia de los pobres y la utilización de indígenas, corresponden a estrategias parecidas a las utilizadas en varios países de Centroamérica.

Afirmar que la insurrección en Chiapas es fundamentalmente una respuesta a la opresión y a la miseria es ignorancia, mala fe o complicidad con esos grupos. Es cierto, hay carencias, pobreza, gobernantes mediocres y corruptos en esa zona, pero esos hechos no son las principales causas de ese movimiento armado, que hicieron coincidir con la entrada en vigor del Tratado de Libre Comercio.

El movimiento subversivo de izquierdistas extremistas en Chiapas es quizás el último intento de este siglo de los socialistas nostálgicos extremistas, para evitar que una economía de sentido común, a la que ellos llaman neoliberal y capitalista, se consolide en América Latina como una nueva alternativa para sacar de la miseria a muchos países.

La inseguridad y el clima de violencia creado por los guerrilleros izquierdistas en varios países de Centro y Sudamérica, fue de los principales obstáculos al aumento en la inversión, en tecnología y capacitación, que es la única vía para elevar el nivel de vida de las masas marginadas.

Uno de los objetivos principales de los subversivos de Chiapas no es mejorar el nivel de

Guerrilleros, bien armados, dispararon contra el ejército
y se retiraron.

(Foto: cortesía de **Reforma** y **El Norte**)

A indígenas armados con palos y machetes, los dejaron esperando la llegada del ejército.

(Foto: cortesía de **Reforma** y **El Norte**)

vida de los indígenas ni enmendar injusticias, sino crear un clima de incertidumbre e inseguridad, que contrarreste o anule los esperados beneficios de la firma del Tratado de Libre Comercio entre México, EUA y Canadá.

El principal origen y fin del movimiento en Chiapas es político e ideológico, con tácticas perfectamente identificadas. Y quienes no las quieren ver o busquen deformarlas, son los cómplices ideológicos de los subversivos o quienes ignoran situaciones básicas de la realidad política y económica contemporánea.

¿POR QUÉ INSISTIR EN LO QUE NO FUNCIONA?

Si el socialismo fracasó en la URSS, Europa del Este, China, Cuba y movimientos guerrilleros iguales han causado más miseria entre nuestros vecinos del Sur, ¿qué es lo que realmente buscan los autores del conflicto? ¿Desestabilizar el gobierno de Salinas? ¿Complicar las elecciones en 1994? ¿Ganar espacios políticos? ¿Fortalecer a los partidos de oposición de izquierda? ¿Quiénes están pagando sus millonarios gastos? ¿Estará Ross Perot feliz con la revuelta en Chiapas?

No tenemos todas las respuestas exactas, pero ya son varios cientos de vidas humanas que se pierden por una violencia sin ningún sentido positivo y con fines muy diferentes al bienestar de los indígenas y marginados del estado chiapaneco.

SOLUCIONES QUE NO LO SON

En un viaje al Perú en 1972, dialogué durante varias horas en la Universidad de San Marcos en Lima, con un líder estudiantil de ideas marxistas, maoístas. Teníamos coincidencias, pues ambos estábamos preocupados por la miseria y atraso de nuestros países, pero las concepciones sobre las causas de esa miseria y las soluciones eran diferentes.

Él me dijo que Latinoamérica estaba atrasada por el capitalismo. Mi respuesta fue que el rezago era por la falta de capitalistas y la ausencia de competencia entre ellos.

Los sistemas en Latinoamérica han sido mercantilistas. Es decir, economías cerradas en las cuales grupos de empresarios, coludidos con el gobierno y líderes sindicales, se reparten privilegios y mercados. (Véase mi libro **Del socialismo al Mercado**, Editorial Diana.)

La solución para el líder marxista peruano era instrumentar el socialismo: el estado planifica la economía teóricamente para el beneficio de los trabajadores y campesinos.

Mi solución era que el gobierno abriera la economía a la competencia y derogara los privilegios a empresarios y grupos sindicales. Su solución era el Estado, mi solución, el mercado.

En la época de ese diálogo no estaban claros los resultados de los sistemas económicos. Respeté su idealismo y su entrega a una causa.

En 1994 está claro que esos caminos no conducen a la erradicación de la miseria, de la opresión ni de la diferencia de clases.

Una realidad del tamaño de la ex-Unión de Repúblicas Socialistas Soviéticas, de Europa del Este, China, Vietnam y Cuba, demuestran no sólo la inoperancia del socialismo para reducir la miseria, sino que hunde a los países que lo instrumentan en un mayor atraso.

Hace 20 años cabía considerar a los guerrilleros como luchadores por un mejor orden económico, pero **a la luz de la realidad contemporánea ¿es posible que los dirigentes de grupos subversivos marxistas sinceramente piensen que van a mejorar las condiciones de un país a través de la lucha violenta por el socialismo?**

Siempre habrá miseria, desigualdades e injusticias, aun bajo sistemas de mercado y democráticos. Pero tratar de reducir la miseria por la violencia y la lucha de clases, ha llevado a los países subdesarrollados a situaciones peores a las existentes.

Años después le escribí al líder peruano, pero ya no recibí contestación. Otra persona, conocida de ambos, me dijo que se había incorporado al grupo guerrillero Sendero Luminoso y desaparecido.

Probablemente murió en algún enfrentamiento. Recuerdo su cara, de un joven talentoso, preocupado por la cuestión social.

Reflexiono ahora, ¿por quién luchó?, ¿por qué murió?, ¿a quién benefició su causa?

Quizás en Chiapas todavía luchen jóvenes de buena fe, que buscan un México mejor, pero que los dogmas, las ideologías o la miseria, no les dejan ver que son utilizados o que sus métodos van a llevar a situaciones peores a las que ellos encontraron.

Ojalá los guerrilleros, autoridades, sacerdotes e intelectuales y grupos que de buena fe busquen sacar a los pobres de pobres, se den cuenta de cuáles son los verdaderos senderos para lograrlo, pues de otra forma se convierten en corresponsables de las pérdidas humanas y violaciones de los derechos humanos, consecuencia de esos conflictos.

La presunción de que los mismos líderes guerrilleros son aprovechados por otros grupos económicos y políticos para fines muy diferentes a solucionar los problemas de pobreza y marginación de los indígenas, está cada día más claro.

La pregunta es ¿quiénes? ¿Los grupos desplazados del poder por el salinismo? ¿Los sindicatos estadounidenses y Perot, que se oponen al TLC y piensan que significa una migración de empresas hacia México? ¿Los partidos de izquierda de oposición para ganar votos en las próximas elecciones?

Aunque es posible que todavía existan teóricos marxistas extemporáneos sinceros entre las filas de los guerrilleros, el movimiento beneficia a grupos muy diferentes al de los pobres e indígenas de Chiapas, en cuyo nombre se inició ese movimiento armado.

¿QUIÉN ES SAMUEL RUIZ?

El 26 de octubre de 1993, el Nuncio Apostólico, Jerónimo Prigione, comunicó al obispo de San Cristóbal de las Casas, Samuel Ruiz García, que la sagrada Congregación de Obispos del Vaticano lo hacía responsable de aplicar un análisis marxista de la sociedad y reducir el contenido evangélico al ámbito de la lucha social. Esa postura de Samuel Ruiz lo lleva a una "interpretación del evangelio que no es el evangelio de Cristo", señalan los obispos del Vaticano. Por lo que le pedían la renuncia a su cargo.

Esa noticia desató una tormenta de letras que durante los últimos meses del 93 llenó grandes espacios editoriales, en su mayoría apoyando a don Samuel Ruiz y condenando al Nuncio Apostólico. Había muchos interesados en mantener a don Samuel de la zona donde al poco tiempo se inició el conflicto.

¿Quién es Samuel Ruiz? ¿Por qué organismos internacionales de conocida filiación izquierdista, Cuauhtémoc Cárdenas, la Asamblea de Barrios, la neosocialista Premio Nobel Rigoberta Menchú, cientos de intelectuales de izquierda de varios países del mundo y algunos despistados, pusieron el grito en el cielo por la sola posibilidad de remover a un teólogo partidario de la Teología de la Liberación, condenada por el Papa, de la diócesis de San Cristóbal de las Casas.

La actitud del Obispo Samuel Ruiz es muy parecida a la del célebre obispo de Cuernavaca, Sergio Méndez Arceo (QEPD), llamado también el "Obispo Rojo", quien fue conocido por su intento de incorporar las teorías y análisis marxistas a la doctrina católica.

Don Samuel es partidario de la llamada Teología de la Liberación, y de la "opción por los pobres". Interpretaciones que implican identificar la doctrina de Cristo con la lucha de clases en el aspecto socioeconómico temporal.

Don Samuel, persona inteligente al igual que lo era don Sergio Méndez Arceo, más que opción por los pobres adoptó la opción por el activismo político, asociado a las ideas y grupos marxistas y socialistas.

Esa actitud le ganó el enfrentamiento con varios gobernadores de esa identidad. Sacerdotes de la diócesis de San Cristóbal han sido coordinadores de invasiones de tierras y de activistas de izquierda por varios años.

Una de las acusaciones del Vaticano a los sacerdotes activistas de la política "de la liberación", es que descuidan las labores propias del apostolado y formación espiritual de fieles y sacerdotes, para dedicarse a la lucha por reivindicaciones sociales.

Parece que los llamados obispos "progresistas" y teóricamente partidarios de los pobres, como lo fue Méndez Arceo, no tienen interés en formar verdaderos sacerdotes católicos.

Mientras Méndez Arceo fungió como obispo de Cuernavaca no hubo seminario en esa diócesis. Lo mismo sucedió en la diócesis de don Samuel Ruiz, quien clausuró también el seminario.

La mayoría de los obispos lo primero que promueven son vocaciones sacerdotales y el funcionamiento de un seminario. Don Rafael Guizar y Valencia, Obispo de Jalapa, actualmente en proceso de canonización, decía que a un obispo le puede faltar el báculo, el anillo y hasta la catedral, pero no un seminario.

Los obispos progresistas y de la "opción por los pobres", clausuraron los seminarios y se rodearon de sacerdotes extranjeros, identificados con ideas marxistas y con grupos políticos de izquierda, como sucedió en Cuernavaca y actualmente en la diócesis de San Cristóbal.

A don Samuel Ruiz se le atribuye ayudar a los pobres. Es cierto, a muchos les prometieron tierras y los guiaron en invasiones sacerdotes de su diócesis, pero abandonaron su labor fundamental de evangelización espiritual. Una muestra es que precisamente en la diócesis de don Samuel Ruiz, es donde mayores conversiones a las religiones protestantes se han dado entre los pobres de la República Mexicana.

¿Por qué si don Samuel estaba tan cerca de ellos, como dicen sus defensores, se pasaron a otra religión y abandonaron el catolicismo?

Según me comentaron en Chiapas, don Samuel se la pasa en viajes, seminarios, grilla y en un constante activismo político con periodistas o intelectuales nacionales y extranjeros, la mayoría identificados con las tendencias socialistas y marxistas y ha descuidado su principal labor pastoral.

Para él parece ser más importante que le otorguen el Premio Nobel de la Paz que evangelizar en la verdadera doctrina de Cristo.

Los editoriales y manifestaciones en apoyo a Samuel Ruiz unos meses antes de estallar el conflicto en Chiapas, nos muestran que la izquierda y los neomarxistas siguen teniendo fuerza. Y que ven en el obispo de San Cristóbal de las Casas uno de sus baluartes. Y a través de la excusa de la "opción por los pobres", buscan mantener en su persona una fuerza política y "moral" en las próximas elecciones presidenciales.

LA TEOLOGÍA DE LA LIBERACIÓN

Hay quienes niegan toda participación de la iglesia de los pobres en el conflicto chiapaneco, como lo hicieron saber los mismos comandantes guerrilleros en un comunicado. Por otro lado, la detención de religiosos en las líneas guerrilleras y las declaraciones de indígenas miembros del frente zapatista, quienes expresaron que fueron inducidos a participar en la lucha por catequistas, nos hacen concluir que hay activistas escudados en la religión, atrás de esa insurrección.

Declaró un indígena tzotzil a la prensa:

"Cuando yo era niño, ellos eran los catequistas. Me enseñaron el Padre Nuestro y el Ave María...

"Eran los mismos catequistas de hace más de 20 años, los que la madrugada del primer día del año, nos invitaron a sumarnos al ejército zapatista." (**La Jornada**, 7/1/94.)

Es importante distinguir entre la Iglesia Católica, Apostólica y Romana como institución y los religiosos que indebidamente utilizan el prestigio e influencia de la doctrina de Cristo sobre los indígenas, para fines diferentes a la predicación del evangelio y la ética cristiana.

La corriente llamada **Teología de la Liberación**, de la cual forma parte el obispo de San Cristóbal, Samuel Ruiz, consiste fundamentalmente en una reinterpretación y adaptación de los evangelios a varias tesis marxistas.

Sin embargo, sería un error afirmar que la Teología de la Liberación es marxista totalmente. Rechaza el ateísmo de Marx, pero hace suyas la mayoría de las teorías marxistas: la lucha de clases, la plusvalía y la revolución. (Para profundizar sobre las tesis marxistas ver mi libro **Marx, Profeta de la Violencia**, Editorial Diana.)

La Teología de la Liberación presenta a Cristo como a un guerrillero.

El obispo Samuel Ruiz en un libro titulado **Teología Bíblica de la Liberación**. (Editorial Jus, 1975), habla de Cristo como "**profeta revolucio-**

nario" y señala que en algunas ocasiones "debiera el cristiano comprometerse con la violencia".

Ruiz interpreta el evangelio en tal forma que lo hace compatible con las tesis marxistas de la lucha de clases y de la abolición de la propiedad privada:

"Al desaparecer la igualdad entre los grupos familiares, aparecen las clases sociales, consecuencia de la propiedad basada en la opresión. Y esto sólo es muerte y enemistad con Dios". –dice el obispo Samuel Ruiz en su libro **Teología Bíblica de la Liberación.**

Las tesis y enseñanzas en Chiapas de don Samuel Ruiz son fundamentalmente las mismas de la llamada Teología de la Liberación, cuyos principales exponentes son Leonardo Boff, ex-franciscano brasileño, y el sacerdote peruano Gustavo Gutiérrez, considerado como el principal expositor de ese engendro teológico.

La Teología de la Liberación junto con el marxismo, fue el sustento ideológico de los comandantes sandinistas religiosos en Nicaragua.

El sacerdote y comandante sandinista Ernesto Cardenal, a quien el Papa reprendió públicamente en el aeropuerto de Nicaragua en 1983, ante los ojos de millones de televidentes, es un ejemplo claro de las tesis de la Teología de la Liberación.

Las ideas del sacerdote nicaragüense se resumen en las siguiente declaraciones: "Cristo me condujo a Marx"... "No creo que el Papa entienda el marxismo"..."Para mí los cuatro evangelios son todos igualmente comunistas"..." Soy un marxista que cree en Dios, que sigue las doctrinas de Cristo y que es un revolucionario por amor a su reino". (Citado por Michael Novak ¿En Verdad Liberará? Discusiones sobre la Teología de la Liberación. Editorial Diana, México 1988. pág. 21.)

La Teología de la Liberación ha sido condenada por la Congregación de la Fe del Vaticano por su carácter "reduccionista", cargo por el cual El Vaticano inició un proceso a Samuel Ruiz, unos meses antes de explotar el conflicto de Chiapas. Ese proceso fue frenado temporalmente por las presiones de muchas organizaciones y partidos políticos de izquierda, entre ellos el PRD.

La Teología de la Liberación habla de liberar de la opresión a todos los países subdesarrollados de dictaduras y de las violaciones a los derechos humanos. Sus seguidores ponen como ejemplo de opresión ciudades y países de América Latina, África, pero curiosamente nunca hablan de Cuba o donde existieron gobiernos socialistas.

Para los Teólogos de la Liberación sólo hay opresión y violación de los derechos humanos bajo los gobiernos que ellos consideran capitalistas o neoliberales.

Para los teólogos de la liberación como para los marxistas-leninistas, los principales causantes de la miseria en América Latina son los Estados Unidos.

Dice el sacerdote peruano Gustavo Gutiérrez, fundador de la Teología de la Liberación:

"Liberación es un término que expresa una nueva postura en América Latina... Entre la gente más 'despierta' de la actualidad, lo que hemos llamado un nuevo percatamiento de la realidad latinoamericana, está abriendo brecha. Ellos creen que puede haber auténtico desarrollo para América Latina sólo si hay liberación del dominio ejercido por los más grandes países capitalistas, especialmente el más poderoso de ellos: Estados Unidos de Norteamérica".

Y aunque existen variaciones, la mayoría de los teólogos de la liberación se caracterizan por utilizar como bandera la lucha por los oprimidos, por los grupos étnicos marginados, las culturas burladas y las clases explotadas. Y se autonombran defensores de los derechos humanos, como el teólogo de la liberación Miguel Concha Malo, a quien utilizó el PRD en un mitin para la Paz, realizado en el Zócalo del Distrito Federal. Expuso la visión social de México bajo el enfoque de la Teología de la Liberación.

Varios de los análisis de los Teólogos de la Liberación o de la "opción por los pobres", parten de miserias verdaderas o de claras injusticias, pero sus interpretaciones y soluciones son fundamentalmente las mismas a las propuestas por los marxistas en décadas anteriores. Toman argumentos de los economistas estructuralistas y de las tesis del "capitalismo periférico" del neo keynesiano-marxista, Raúl Prebish. Esas corrientes del pensamiento económico influenciaron y justificaron el proteccionismo de los años 60's, 70's y 80's, que sólo generó miseria e inflación en América Latina.

En Chiapas la Teología de la Liberación fue el principal gancho para convencer a miles de indígenas a incorporarse o simpatizar con el levantamiento armado.

Uno de los miembros del ejército zapatista, hecho prisionero por los mismos indígenas en el pequeño poblado de Oxchuc, de nombre Pedro Pérez Méndez, declaró ante la prensa **"busco la liberación, así como dice Dios"**.

Sobre este hecho, dice el prestigiado historiador e intelectual mexicano Enrique Krauze, al analizar las causas del conflicto en Chiapas:

"Pero de pronto, en las palabras de Pérez Méndez apunta algo que ya no cuadra con la teoría de los agravios, un substrato religioso que no tiene que ver con la democracia sino con la Teología de la Liberación: busco la liberación, así como dice Dios".

"En este sentido, sin sospecharlo, el campesino en armas se ha vuelto un anabaptista del siglo XVI que acepta la prédica de la violencia como un medio legítimo para instaurar las enseñanzas de Jesucristo. O, más precisamente, un émulo de sus propios antepasados tzotziles, que en 1712 se levantaron en armas siguiendo a un profeta autollamado Don Sebastián de la Gloria. Tras anunciar 'la muerte del Rey y de Dios' y el advenimiento de una Virgen aparecida en la selva."

42

"De la Gloria y sus fervorosas tropas atacaron varios pueblos, entre ellos Ocosingo, uno de los escenarios de la guerra actual, matando a la población y saqueando las haciendas e ingenios de los frailes dominicos."

"Como ahora, muchos de los pueblos indígenas de la zona se rehusaron a adoptar la nueva fe y a seguir aquel experimento teocrático que terminó, como el de los anabaptistas de Müntzer, no en la igualdad de los cristianos primitivos sino en una efímera y grotesca tiranía seudo-cristiana."

"Los nuevos profetas armados a los que sigue José Pérez Méndez se llaman comandantes."

"Es probable que algunos provengan o estén vinculados con las llamadas 'Comunidades eclesiásticas de base', organizaciones de laicos ligados a la fracción de la Iglesia Católica que ha 'elegido la acción preferencial por los pobres' y que desde 1974 han desarrollado en Chiapas 'células de acción' con miras insurreccionales."

"Su ideología es la Teología de la Liberación."

"'Quienes me enseñaron el catecismo, los que viven en el mismo pueblo, nos invitaron a la guerrilla', explica un compañero de Pérez Méndez."

"Sin embargo, estos soldados de la fe, los catequistas, pueden haber sido infiltrados y rebasados a su vez por guerrilleros profesionales, universitarios y urbanos, cuyo perfil es el de la típica guerrilla centroamericana o peruana". (Enrique Krauze, **La tragedia Chiapaneca**, publica-

43

do en los periódicos **El Norte** y **Reforma**, el 9 de enero de 1994).

Es importante no confundir la deformación de los evangelios y la utilización de la iglesia con la iglesia misma. La iglesia, como lo expresó el Papa en una visita a Mérida ante los indígenas, lucha contra las injusticias, condena la visión economicista y el considerar que todos los problemas sociales se tienen que mirar a través de las pérdidas y ganancias. El Papa constantemente recuerda a los empresarios y ricos la necesidad de ayudar a los pobres y ha condenado lo que llama "la idolatría del mercado", pero no significa que apoye la llamada Teología de la Liberación ni la violencia.

En diversas ocasiones el Papa Juan Pablo II ha condenado claramente la Teología de la Liberación.

En la última visita pastoral a Brasil, en octubre de 1991, dijo que la Teología de la Liberación se **aleja gravemente de la verdad católica al interpretar la fe con base en ideologías materialistas.**

A un grupo de seminaristas de Brasilia los exhortó Juan Pablo II a **evitar las tentaciones del deslumbramiento superficial ante las corrientes y modas teológicas que distorsionaron y obscurecieron la verdad.**

Y claramente dijo **no se dejen engañar por las desviaciones de una Teología de la Liberación que pretende reinterpretar el depósito de la fe con base en ideologías de carácter materialista**

Uno de los indígenas, incorporado por catequistas al EZLN, apresado por los habitantes del poblado de Ocxchuc, declaró: "busco la liberación, así como dice Dios".

(Foto: AFP. Novedades)

45

y se aleja gravemente de la verdad católica. (Mensaje distribuido a todo el mundo por las agencias de prensa DPA, ANSA, Reuter y AP, publicado en **Excélsior** el 16 de octubre de 1991.)

Al analizar las principales áreas del levantamiento armado en Chiapas, vemos que coinciden casi exactamente con la diócesis del Teólogo de la Liberación, Samuel Ruiz, quien ahora se presenta como luchador por la paz. Ruiz busca el Premio Nobel de la Paz como mediador de un conflicto cuyas enseñanzas e influencias fueron determinantes para generar la violencia.

En las zonas donde predominan los protestantes es donde casi no hubo violencia. Y, como comentamos en otra parte de este estudio, es paradójico que en la diócesis cuyo obispo se presenta ante el mundo como altamente preocupado por los indígenas, sea donde más deserciones a las sectas protestantes han existido en la República Mexicana, lo que revela su poca preocupación real por la parte espiritual de los indígenas.

¿ESTÁ DIOS CONTRA LA ECONOMÍA?

Un libro que causó revuelo entre los círculos eclesiásticos en Francia fue **¿Está Dios contra la Economía? (Dieu est il contre l'economie?)**, publicado en español por Editorial Planeta. Los autores responsabilizan a parte de los eclesiásticos de falsear la doctrina social de la iglesia. Y mediante el discurso económico, sembrar confusión y apoyar políticas antieconómicas.

Se preguntan los autores, el consultor de empresas Jacques Paternot y el carmelita descalzo, Gabriel Veraldi, en una carta dirigida a su santidad Juan Pablo II, la que hace las veces de prólogo en el libro:

"¿La Iglesia quiere a los pobres hasta tal punto que procura producir muchos más por temor a quedarse sin ellos?

"Esta es la inquietante pregunta que se plantean muchos católicos que ejercen responsabilidades económicas. De hecho, ellos ven que las autoridades cristianas promueven teorías que conducen a un auténtico sabotaje del desarrollo y que resultan particularmente desastrosas para los desheredados de nuestros países del Tercer Mundo. Un número creciente de obispos, sacerdotes y pastores regresan a una ideología que no sólo aplasta las libertades políticas y religiosas en todos los sitios en que accede al poder, sino que además se revela incompatible con la prosperidad".

Pareciera que un gran número de eclesiásticos ignora los más elementales mecanismos económicos y da la impresión en sermones, cartas pastorales y demás documentos religiosos, que **"Dios está contra la Economía"**. Dicen Paternot y Veraldi:

"...La elevación del nivel de vida en los países industrializados no tiene como causa una mejor distribución de los bienes existentes, sino un nivel de producción superior, que crea la posibilidad de una amplia distribución.

47

"He aquí por tanto, la primera ley del desarrollo: el progreso social nace del progreso económico que a su vez resulta del aumento de productividad obtenido gracias al progreso técnico y a la cooperación de los hombres en empresas destinadas a crear riqueza.

"Esta 'ley' es tan válida para los países subdesarrollados como para la Francia de Luis XIV. Los pobres de Perú o de Argelia no están desprovistos, en principio, porque las riquezas peruanas o argelinas estén mal compartidas, sino porque el nivel de producción nacional es demasiado bajo."

En cuanto a la llamada opción preferencial por los pobres dicen los autores:

"Los cristianos no pueden sino aprobar la opción preferencial por los pobres, pero el desconocimiento de las realidades económicas se convierte en una opción por la pobreza".

En sus conclusiones señalan:

"... La Iglesia no podrá combatir la pobreza y la herejía si no se dota con una auténtica doctrina económica".

Y como solución dan entre otras:

1. Condenar el deslizamiento de la democracia hacia la burocracia. "Devolver a la persona, a la familia, a la comuna, a la región, a la empresa privada sus legítimas atribuciones que tienden a confiscar enormes sistemas anónimos e irresponsables, he aquí lo que sería una gran tarea para las autoridades morales y religiosas".

2. Una definición clara de la justicia: "Es imposible pensar útilmente cuando se emplean expresiones que la lógica operacional denomina indeterminados. Así libertad significa cualquier cosa según el contexto, y los tiranos de todo género suelen no privarse de su empleo... Tales palabras no tienen sentido si no están modificadas por determinantes: la libertad ¿para quién?, la libertad ¿de hacer qué?

Ojalá los obispos, jefes de congregaciones y maestros católicos analicen el libro **¿Está Dios contra la economía?**, pues estamos seguros que no lo está. Pero sí muchos pastores que en su nombre predican contra la economía. Y coadyuvan a la miseria que buscan teóricamente erradicar, por los errores, falacias e inexactitudes económicas que difunden, muchas veces de buena fe.

REDUCCIONISMO MATERIALISTA

Muchos sacerdotes, obispos y pensadores católicos han caído en el mismo error que los marxistas, aunque partiendo de diferentes bases filosóficas.

El materialismo dialéctico o materialismo marxista reduce al hombre a una sola dimensión: la económica material. Para el marxista las relaciones económicas no tan sólo son las más importantes, sino las únicas; por lo tanto, resolviendo el problema económico el ser humano tiene resuelto su problema vivencial.

Ese planteamiento nos lleva a la conclusión de que un gobernante que les resuelva el problema económico a los miembros de una sociedad, les resuelve todos sus problemas. Y como, según el materialismo dialéctico, la economía es todo para el ser humano, se justifica que el gobierno intervenga en todos los aspectos de la vida humana. Para los marxistas la religión y la cultura son superestructuras o reflejos de la realidad económica.

La doctrina de la iglesia no acepta esas teorías. Y deja claro que el ser humano tiene varias dimensiones: la material, la sentimental, la racional y la espiritual.

La economía le ayuda al ser humano a resolver sus problemas materiales, pero en ningún momento le puede satisfacer sus necesidades sentimentales, racionales y menos espirituales.

Un sistema económico por muy eficiente que sea no le resuelve el problema existencial integral a un ser humano.

El Estado no puede pretender, con la excusa de resolverle el problema económico a los ciudadanos, planificar o entrometerse en su dimensión sentimental, racional o espiritual.

La función del Estado no es tampoco la de resolverles todos los problemas económicos a los ciudadanos, sino la de crear las condiciones para que cada quien los resuelva y sólo ayudarles subsidiariamente. (Teoría del Bien Común).

En el caso de las necesidades sentimentales, racionales y espirituales, crear un ambiente de paz y libertad para que cada quien, según sus escalas de valores, las resuelva.

El error de muchos eclesiásticos y pensadores católicos, que los acerca a los planteamientos materialistas, es exigirle al Estado intervenir en relaciones sociales que se encuentran en dimensiones que no le corresponden.

El Estado tiene entre sus funciones garantizar la paz y la justicia, pero no puede legalmente garantizar que los ciudadanos rían, sean amados, caritativos, practiquen o dejen de practicar un determinado culto religioso.

Para generar risa están los cómicos de teatro y la función del Estado no es hacer teatro cómico. Para amar o ser amado, cada quien debe buscar a su pareja, no es la función del Estado ser casamentero o busca novios. Y tampoco es la función del Estado a través de leyes o decretos obligar a los ciudadanos a ser caritativos.

Convertir al Estado en un ser todopoderoso y omnipotente, capaz de resolver a los ciudadanos sus problemas económicos, emocionales, racionales y espirituales, es característica de las ideologías totalitarias y materialistas.

En el momento en que de todos los males, carencias e infelicidades, le echamos la culpa o le pedimos las remedie al Estado, le estamos dando justificación para que intervenga en todo. En ese error han caído aquellos cristianos que ven en el gobierno o Estado, la causa y la solución de todas las carencias y miserias humanas.

DERECHOS NATURALES Y HUMANOS

Defender los derechos humanos es defender la vida, la propiedad y la libertad de las personas.

La iglesia a través de la doctrina del derecho natural fue la primera institución en dejar claro desde el punto de vista filosófico que el ser humano por su propia naturaleza, por el sólo hecho de ser, tiene derechos.

A partir de la década pasada se puso de moda entre varios grupos de ciudadanos la defensa de los derechos humanos. En muchas partes la defensa de los llamados derechos humanos se politizó y tergiversó. Grupos políticos, sin una verdadera noción del origen y significado de los derechos humanos, los han utilizado como bandera partidista o activista, desacreditando el concepto.

Los derechos humanos son una versión moderna, muchas veces manipulada o deformada, de los derechos naturales.

La teoría del derecho natural, ya expuesta en la Grecia de Pericles y bajo el Imperio Romano, es una de las tesis fundamentales de la iglesia católica.

Santo Tomás de Aquino, uno de los grandes pensadores del cristianismo, es de los primeros filósofos que hace descansar el orden jurídico y social en el respeto a los derechos que por naturaleza el ser humano trae consigo mismo desde su concepción.

Las teorías del derecho natural o ley natural se oponen a las del historicismo y del derecho positivo como única fuente del derecho.

Los positivistas parten de la premisa que la ley y los gobiernos crean y otorgan derechos. Los partidarios del derecho natural afirmamos que los derechos humanos o naturales son reconocidos más no otorgados por los gobiernos.

Aunque a primera vista parece sin importancia la diferencia entre que alguien nos otorgue o nos reconozca un derecho, en la práctica jurídica tiene fuertes repercusiones.

El Artículo 1o. de la Constitución Mexicana dice: "En los Estados Unidos Mexicanos todo individuo gozará de las garantías que otorga esta Constitución...".

La redacción equivocada de ese artículo parte de una concepción positivista, dice "otorga" y debería decir "reconoce", si queremos que el sistema mexicano sea congruente con el respeto a los derechos humanos o naturales.

El derecho a la vida, a la propiedad y a la libertad, principales derechos naturales del ser humano, no son una concesión graciosa de un gobierno, sino un gobierno que pretenda llamarse democrático los reconoce y garantiza.

Las llamadas garantías individuales en su nombre lo dicen:

Garantizan los derechos que por su naturaleza, por su condición de individuo, lleva en sí mismo el ser humano desde su concepción hasta su muerte.

En las dictaduras, regímenes absolutistas y totalitarios es donde se parte de la premisa que el rey, el "duche" o el partido, otorga o concesiona los derechos a sus ciudadanos.

En los regímenes colectivistas, los que se dicen representantes de la colectividad, del pueblo, son los que deciden cuáles son los derechos de los ciudadanos. Y la ley creada por los gobernantes, la corte o el partido, se convierte en la máxima regla para otorgar o suprimir la vida, la propiedad o la libertad de los súbditos.

En un país democrático la ley tiene que ajustarse al respeto de los derechos naturales o humanos de los ciudadanos. En principio toda ley que viola esos derechos no es ley, sino –como decía mi maestro Rafael Preciado Hernández– un antijurídico que en conciencia no merece ser respetado.

La legislación creada y manipulada por los gobernantes en turno no es razón suficiente para crear o suprimir derechos. Sólo viola o reconoce los derechos humanos.

La legislación es derecho, es ley estrictamente hablando, en la medida que garantiza los derechos naturales o humanos de los ciudadanos.

No basta con crear un centro para la protección de los derechos humanos, para ser un verdadero defensor de los derechos naturales o humanos.

DE TLATELOLCO A CHIAPAS

El 26 de julio de 1968, el mismo día del aniversario de la llegada al poder del líder socialista Fidel Castro, se suscitó un pleito entre grupos de estudiantes en una preparatoria del Distrito Federal. Alguien llamó a los granaderos para supuestamente evitar que ese pleito colectivo causara daños alrededor de la preparatoria.

Al llegar los granaderos, un grupo los empezó a apedrear y, según algunas personas presentes, hubo disparos. Los granaderos repelieron la agresión y golpearon a varios de los estudiantes.

Ese hecho fue tomado como bandera para que a los pocos días se formara un consejo nacional para pedir la destitución del jefe de la policía por enviar a los granaderos a golpear estudiantes. Se habló de heridos y hasta de muertos. Pareciera como si muchas organizaciones esperaran ese evento para lanzarse a las calles a organizar protestas.

En aquel entonces, yo era Presidente de la Sociedad de Alumnos de la Escuela Libre de Derecho y me di cuenta que varios de los líderes de ese movimiento manejaban grandes cantidades de dinero y estaban identificados con la ideología marxista.

El movimiento tomó fuerza, pero la mayoría de quienes participaban en las protestas no sabían claramente cuál era el fin.

En aquel tiempo, tenía yo una novia de origen extranjero. Me dijo que había participado en una marcha. Le dieron una pancarta con una foto del Che-Guevara. Le dije que si ella sabía quién era el Che-Guevara o para qué era la manifestación. Me confesó que unas amigas la habían invitado y le pareció interesante participar.

Como ella, muchos otros jóvenes se adhirieron a las protestas sin saber a ciencia cierta a quien estaban sirviendo.

En septiembre del 68 el Comité Nacional de Huelga, formado casi en su totalidad por células del Partido Comunista y simpatizantes del socialismo, ya casi no "jalaban" gente y no habían penetrado en el sector obrero. Una de las finalidades del movimiento era llevar a la huelga a toda la industria del país.

En septiembre el movimiento estaba muriendo y la idea era que llegara vivo hasta las olimpíadas, que se iniciaban el 12 de octubre de 1968. En esas fechas estarían los ojos del mundo puestos en México.

El día 1o. de octubre, un compañero de la primaria, que andaba muy involucrado en los movimientos marxistas y troskistas, me visitó. Nos teníamos gran estimación y aprecio, pues pasamos gran parte de la niñez juntos y cuando llegamos a México a estudiar, en ciertos aspectos lo ayudé para que hiciera frente a algunas necesidades escolares. Llegó y me dijo sin rodeos: por ningún motivo asistas al mitin de Tlatelolco. ¿Por qué? –le pregunté–. Habrá enfrentamien-

to, pero no te puedo decir más, no te acerques
–me contestó.

Al otro día se dio la famosa matanza de Tlatelolco, que a más de 25 años de distancia sigue la izquierda utilizando como bandera para mostrar violaciones a los derechos humanos cometidos por el gobierno.

¿QUÉ SUCEDIÓ EN TLATELOLCO?

El gobierno también tenía información de que habría provocaciones, por lo que envió al ejército para rodear la plaza y evitar provocaciones. Llegaron estudiantes y los oradores del comité de huelga iniciaron sus discursos.

El mitin, y eso es olvidado por muchos analistas oficiales, no se reprimió, pues se llevó a cabo en su totalidad. Todos los oradores hablaron y al terminar discretamente se retiraron de la plaza inmediatamente y se metieron a uno de los edificios (Chihuahua).

El general Hernández Toledo, quien iba al mando de los soldados, pensó que el peligro había pasado y que el "parte" sería "sin novedad". Tomó un megáfono y empezó a decirle a los estudiantes que se retiraran, que ya había acabado el mitin.

De repente, desde los edificios que rodeaban la plaza de Tlatelolco, empezaron a salir disparos de ráfaga de ametralladora sobre soldados y estudiantes.

El primero en caer herido en una pierna por los disparos de ametralladora fue el general Hernández Toledo, hubo confusión, muertos y heridos.

Todos los periodistas e intelectuales de izquierda aún sin saber exactamente cómo estuvo el suceso, empezaron a responsabilizar de la matanza en Tlatelolco al ejército.

Le hablé a mi amigo. Él sí estuvo en el mitin, pero se retiró junto con los oradores. Y fue quien me contó lo que aquí describo. Ese hecho lo hizo romper con los grupos e ideas marxistas.

Él mismo me dijo: "los sacrificaron, no creía que fueran tan cabrones", "fueron ellos mismos, pues querían que el desmadre llegara hasta las olimpíadas."

A los pocos días un grupo de estudiantes de la Escuela Libre de Derecho me fueron a pedir que, en mi carácter de Presidente de la Sociedad de Alumnos, suspendiera las clases y nos declaráramos en huelga por las víctimas de Tlatelolco. Mi respuesta fue: "si me dan el nombre de un líder importante del Consejo Nacional de Huelga que haya muerto en Tlatelolco, cierro la escuela". No tuve respuesta.

Años después platiqué con don Eudocio Ravines, quien fue recibido en Moscú como héroe de la Internacional Socialista por su lucha en pro del marxismo en América Latina. Desempeñó varias misiones encomendadas personalmente por Stalin en México, España y Chile.

Posteriormente, Ravines denunció al marxismo como un engaño en su libro **La Gran Estafa**. Cuando le pedí una explicación sobre los hechos de Tlatelolco, me dijo que correspondía a una estrategia recomendada por un jefe de la policía estalinista llamado Laurenti Beria.

En un manual titulado **La Psicopolítica**, escrito por Beria, decía claramente que había que crear víctimas para darle fuerza y vida a un movimiento.

Esa misma estrategia –me dijo Ravines– él la había usado en varias ocasiones en Sudamérica.

El movimiento del 68 en nada benefició a los estudiantes, lo comprobamos claramente a 25 años de distancia. Los muertos sólo hicieron el papel de víctimas para darle fuerza a un movimiento, cuya única función posterior fue permitir que un grupo de intelectuales, académicos y economistas de izquierda que simpatizaron, apoyaron y justificaron el movimiento del 68, aunque no participaron directamente en él, se incorporaran a las filas gubernamentales con el licenciado Luis Echeverría Alvarez.

Varios líderes del Consejo Nacional de Huelga, los más sinceros, no consiguieron nada para ellos ni tampoco pueden decir que lograron algo para los pobres, desposeídos o agraviados.

LOS BENEFICIADOS DEL 68

El presidente Luis Echeverría en un afán conciliatorio y para evitar nuevos enfrentamientos como los del 68, invitó a colaborar en altos niveles del gobierno y como asesores, a varios de los intelectuales de izquierda que apoyaron ese movimiento.

La masacre de estudiantes en Tlatelolco sólo sirvió para incorporar al gobierno a un grupo muy lejano de quienes creían desde las marchas y mítines, estar luchando por una causa justa.

LAS SOLUCIONES KEYNESIANO-MARXISTAS

En 1972, ante un bajo crecimiento de la economía en el 71, debido al cambio de gobierno, el grupo de intelectuales de izquierda y neo-keynesianos que consideraban al Estado como el organismo que debía regir y planificar la economía, convencieron al presidente Echeverría que si no quería más movimientos como el del 68, tenía que asegurar un mayor crecimiento de la economía y estrategias permanentes para incorporar al empleo a los millones de jóvenes que cada año llegaban a la edad de trabajar.

El secretario de Hacienda en aquel entonces, Hugo Margáin, le hizo ver al presidente que gastar más, aumentar la burocracia y crear empresas estatales era peligroso; sin embargo, Luis Echeverría, que había vivido las presiones del 68, se dejó convencer por quienes, como el secretario de Patrimonio Nacional, Horacio Flores de la Peña, ex-director de la Facultad de Economía y keyne-

↑	MOVIMIENTOS	
	1968	1994
Grupos movilizados	Estudiantes	Indígenas
Ideología de los organizadores operativos	Marxista - leninista Troskista	Marxista - maoísta Teología de la Liberación
Táctica	Enfrentar estudiantes-ejército	Enfrentar indígenas-ejército
Finalidad Aparente	Combatir Represión-estudiantes	Combatir Represión-indígenas
Finalidad Real	Crear conflictos antes de la celebración de las Olimpiadas.	Crear conflictos entrada TLC y antes de elecciones.
Meta Lograda	Incorporación de izquierdistas al gobierno de Echeverría	¿

siano-marxista, recomendaban utilizar el déficit presupuestal como un instrumento de crecimiento y creación de empleos:

"... la política para el desarrollo, desde el punto de vista de la demanda efectiva, significa una política de gastos públicos acelerados con redistribución del ingreso...

" Los gastos deficitarios del gobierno, si son de suficiente magnitud, pueden incrementar la demanda efectiva y la capacidad productiva interna..." (Horacio Flores de la Peña. **Teoría y Práctica del Desarrollo**. México. FCE. 1976. Págs.158 y 159.)

En 1972 se empezaron a poner en práctica esas políticas. En 1973 México, aunque aceleró su crecimiento, entra a una inflación de dos dígitos y se inicia un crecimiento del Estado que multiplica organismos y empresas estatales.

Los frutos de esas políticas populistas inflacionarias y devaluatorias apenas se están curando en estas fechas.

Ahora surge un movimiento en Chiapas que aparentemente no tiene similitudes con el de 68, pero que si lo analizamos detenidamente, sí.

En octubre del 68 la matanza de Tlatelolco se da unas semanas antes de que se iniciaran las olimpíadas en México.

¿Quién estaba interesado en hacer coincidir esa matanza con la víspera de un acontecimiento que ponía los ojos de los medios de comunicación del mundo en México?

El 1o. de enero de 1994 entró en vigor en México el Tratado de Libre Comercio con Estados Unidos y Canadá, un acuerdo histórico que forma el mercado más poderoso y que puso en México, los ojos de todos los medios de comunicación del mundo.

¿A quién beneficia que en esas fechas se produzcan matanzas por el ejército?

En el 68 los estudiantes pusieron las víctimas y los activistas marxistas la dirección operativa. En Chiapas es lo mismo, pero en lugar de estudiantes la carne de cañón fueron los indígenas.

Y los únicos beneficiados por los muertos de Chiapas, como en el 68, serán los intelectuales académicos y políticos de izquierda que desde partidos de oposición o desde diversos medios de comunicación, hablan de violación a los derechos humanos, de la necesidad de un mayor gasto público y de reivindicar la miseria de los indígenas.

MÁS GASTO ¿LA SOLUCIÓN?

Parece que el gobierno actual está cayendo en el error de pensar que el problema de Chiapas se solucionará con mayor gasto, pues ya habla de aumentar el gasto social.

El candidato del PRI, Luis Donaldo Colosio, no es ajeno a esa presión, por lo que es posible que también caiga en el mismo error de Echeverría, al incorporar a su gobierno a los simpatizantes y justificadores de este movimiento, pensando que en esa forma evitará que se fragüen otros.

¿Es justo que en el 68 perdieran sus vidas muchos estudiantes para que otros pudieran escalar el poder? **¿Es justo que muchos indígenas pierdan su vida luchando con rifles de palo para que otros, desde partidos políticos de oposición vuelvan a incorporarse a las altas esferas del poder?**

INMOLACIÓN DE INDÍGENAS

Una foto, publicada en varios medios de comunicación nacionales e internacionales, del cadáver de un humilde indígena, que yace en el suelo junto a un gran charco de sangre con un rifle de palo al lado, ha servido de argumento para crear la imagen de represión y alevosía del ejército en el conflicto en los altos de Chiapas.

Al observar el arma, vemos que se cumple el dicho popular utilizado cuando a alguien le encomiendan una labor sin proporcionarle el más mínimo instrumento para lograrlo: "**lo mandaron a la guerra sin fusil**".

La supuesta arma con que enviaron a la guerra al indígena era un pedazo de palo que a lo lejos parece un fusil, en la punta tiene amarrada una hoja de machete que simula una bayoneta. Esos indígenas fueron los que iban al frente de los ataques a los cuarteles del ejército. Y aunque ellos no dispararon, fueron los primeros en caer.

No se necesita ser un analista militar para deducir que quienes indujeron, permitieron o mandaron a esas personas indefensas a atacar los cuarteles, ocupar poblados y resistir los ataques del ejército, son los principales responsables de las pérdidas de sus vidas.

Varios periódicos publicaron fotos que muestran claramente dos contingentes armados entre los miembros del "Ejército de Liberación".

Los indígenas que iban al frente, muchos de ellos con armas de mentiras o palos y los de la retaguardia, armados con metralletas, granadas y "walkie-talkies".

A los guerrilleros bien armados y entrenados, el historiador Enrique Krauze les llama los de arriba. Ese sector alude como teórico objetivo instaurar el socialismo. Difieren enormemente de los indígenas caídos, a los que Krauze llama los de abajo, enrolados, la mayoría, bajo la idea de que luchaban por una causa querida por Dios.

No es necesario tampoco ser especialista en guerra de guerrillas para concluir que uno de los objetivos del enfrentamiento chiapaneco era generar muertes de indígenas, para que posteriormente circularan, como ha sucedido, fotos de cadáveres de indígenas con palos en forma de rifle. Y así se dijera que el ejército mexicano con tanques y aviones, masacró indígenas, cuya única defensa era rifles de juguete.

Esa tesis se les ha revertido a los socialistas violentos. Cada día un mayor número de interesados sobre la realidad del conflicto chiapaneco se dan cuenta, a pesar de la desinformación, de la descarada fabricación de víctimas para crear una imagen de represión y desacreditar a México como una zona de inversión.

También es sospechoso que aún antes de que el ejército respondiera a los ataques, ya se encontraban en San Cristóbal varios organismos y observadores de diversas partes del mundo, disque defensores de los derechos humanos, pero identificados con las ideologías izquierdistas y movimientos socialistas, que acusaban al ejército de violación de los derechos humanos.

El Centro de Derechos Humanos Fray Bartolomé de las Casas, que preside el obispo Samuel Ruiz se pasó de eficiente, pues invitó a varios corresponsales extranjeros a que estuvieran presentes aún antes de que se iniciara el enfrentamiento donde se violarían los "derechos humanos" de los indígenas. Un corresponsal del **New York Times** se encontraba en San Cristóbal desde el 27 de diciembre, tres días antes de iniciarse el conflicto.

En Chiapas hay representadas 140 organizaciones "no gubernamentales", defensoras de los derechos humanos. Y 250 corresponsales extranjeros desfilaron el mes de enero.

Nos preguntamos: ¿por qué los organismos de derechos humanos no condenan a quienes enviaron a morir a indígenas indefensos?

¿Cómo califican los defensores de los derechos humanos el colocar a un indígena con un rifle de mentiras frente a un ejército que acaba de ser atacado?

¿Qué no constituye inmolar indígenas una violación de los derechos humanos?

¿Quién es el criminal, el soldado que contestó al fuego o quien colocó al indígena sin armas frente al soldado?

Desde el punto de vista ético y moral: ¿quién es más responsable por la muerte del indígena de la foto, el soldado que materialmente le disparó, el catequista de la teología de la liberación que lo convenció de la legitimidad moral de la lucha armada o el "comandante" socialista que **"lo mandó a la guerra sin fusil"**? ¿O los políticos y organismos que financiaron ese conflicto?

El obispo de Tapachula, Felipe Arizmendi, en cuya diócesis no hubo levantamientos, aunque hay indígenas en las mismas condiciones de pobreza que en la de San Cristóbal, declaró que los que deben de pedir perdón son los del EZLN, por haber lanzado a los indígenas a un suicidio y como "carne de cañón" (**El Dictamen**, 30/1/94).

LOS COSECHADORES

Independientemente de las causas, los protagonistas, las ideologías y los fines teóricos buscados con el levantamiento guerrillero socialista en Chiapas, es importante identificar la verdadera cosecha para diversos sectores del conflicto.

¿Quiénes son los responsables de enfrentar al ejército a indígenas con palos que a lo lejos parecen rifles?
¿Quién violó los derechos humanos?

(Foto: cortesía de **Reforma y El Norte**)

Desde el punto de vista económico todo conflicto bélico, sea por causas justas o injustas, frena la inversión en el lugar de los hechos y la reduce en sus alrededores, como sucedió en Centroamérica en los 70's y 80's.

Al emigrar el ahorro de las zonas donde no hay paz social, no hay creación de empresas ni inversión, ni tampoco demanda de profesionales ni venta de mercancías al exterior. Aumentan los precios para los habitantes de la región, en parte por la mayor dificultad y riesgo que implica el transporte de mercancías en zonas bélicas.

El comercio, la industria, la agricultura y el turismo se reducen a su mínima expresión y los que más bajan sus niveles de vida son las clases media y humilde.

Las ayudas gubernamentales en dinero y créditos no son solución permanente. Sólo una mayor inversión basada en la paz social y un verdadero ambiente de libre empresa y democracia, puede sacar a las comunidades más atrasadas de Chiapas del "círculo de la miseria", en que la mantuvieron los gobiernos mercantilistas y los grupos de izquierda al crear un ambiente de inseguridad que empeora la situación.

Desde el punto de vista económico el conflicto de Chiapas significa menos empleos, menos industria, menos turismo y menos posibilidades para los chiapanecos de elevar sus niveles de vida.

Desde el punto de vista político el conflicto armado revive odios, acusaciones y nos aleja de la

Los estrategas de la guerrilla mandaron indígenas a morir,
con palos en forma de rifle.

(Foto: cortesía de **Reforma** y **Norte**)

democracia, que si bien en México adolece de fallas, ya habíamos entrado a una etapa de apertura, como lo prueba el reconocimiento de los triunfos del PAN en varios estados de la República.

Políticamente, los beneficiados del conflicto de Chiapas buscan ser los intelectuales, economistas , políticos y partidos de izquierda.

Después del conflicto estudiantil de 1968, bajo el gobierno de Díaz Ordaz, el licenciado Luis Echeverría incorporó a su equipo a un gran número de intelectuales, economistas y políticos de izquierda, quienes cambiaron el rumbo del país hacia el estatismo y socialismo. Ese nuevo camino generó una inflación, devaluación y pérdida del poder adquisitivo de los obreros, de la cual apenas estamos saliendo.

Con el conflicto de Chiapas, los intelectuales de izquierda, que indirectamente apoyan o justifican esa violencia y la califican como una respuesta al "modelo neoliberal", piensan que en el próximo gobierno, sea quien sea el triunfador, cosecharán puestos y feudos de poder, como lo lograron los intelectuales y políticos simpatizantes y justificadores del 68, que se cuidaron de no estar nunca en la línea de fuego, pero sí en la de repartición de chambas.

En el 68, la carne de cañón fueron los estudiantes, en el 94, los indígenas.

En el próximo gobierno, como sucedió en el gobierno posterior al 68, los ganones del conflicto, piensan ser los políticos de la llamada izquierda democrática.

Lo más triste de Chiapas es que quienes exponen sus vidas, guerrilleros e indígenas involucrados en la lucha armada, cosecharán en lo económico más miseria y atraso para los pobres de la región. Y en lo político, poder para quienes están muy lejos de los sufrimientos de uno u otro bando, pero esperan aprovechar la muerte inútil de muchos mexicanos.

PRI CONTRA PRI

Muchos ciudadanos y observadores todavía no tienen claro que el PRI ya se dividió y que en 1994 la contienda electoral más importante será PRI contra PRI.

Hace seis años, un amigo fue circunstancialmente compañero de asiento en un viaje en avión del ex-presidente del PRI bajo Echeverría, Porfirio Muñoz Ledo.

En la plática el ex-priísta le dijo a mi amigo: "no le dejaremos el país a esos chamaquitos", refiriéndose a Salinas y al nuevo grupo de tecnócratas.

Esos "chamaquitos" iniciaron una serie de cambios y desplazaron a muchos priístas que habían decidido sobre los destinos del país en la década de los 70's y 80's.

Los cerebros grises que aconsejaron a Echeverría y López Portillo tras bambalinas a tomar decisiones estatistas, quedaron fuera de la jugada.

En las elecciones de 1988, la gran fuerza que adquirió Cárdenas no vino fundamentalmente del apoyo de los grupos socialistas y comunistas, sino de los recursos económicos y humanos que le brindaron priístas y grupos aparentemente partidarios de Salinas.

Parte del pecado de "la Quina", líder en ese entonces del multimillonario sindicato petrolero, fue transmitirle enormes recursos del sindicato a Cuauhtémoc Cárdenas para su campaña contra Salinas.

Si analizamos el origen político de los cuadros directivos del PRD a nivel nacional y estatal, encontraremos al frente en su gran mayoría a políticos que durante muchos años militaron en el PRI y sólo en algunas partes a ex-miembros de los partidos comunistas y socialistas.

El PRD, Partido de la Revolución Democrática, es la facción priísta que fue desplazada del círculo del poder o no aceptó los cambios de Salinas, aliada con la izquierda de partidos minoritarios.

Al analizar la personalidad de los principales directivos del Partido de la Revolución Democrática (PRD), sus estrategias y programas, queda claro que no se trata de una nueva opción para los votantes, sino el resultado de una división del PRI.

El PRD es el PRI de la izquierda, el PRI de Cárdenas o el PRI viejo. El otro PRI, es decir, el que se quedó con el mismo nombre, busca convertirse en un nuevo PRI, trata de alcanzar e incorporar las reformas de Salinas. Ya no tiene la personalidad del PRI de décadas pasadas, pero todavía no alcanza a consolidar una nueva, acorde con la nueva tendencia del gobierno priísta.

Las principales figuras del PRD son ex-priístas con claras tendencias estatistas o ex-comunistas y socialistas que militaron en partidos (Comunista, Socialista de los Trabajadores, etc.), que nunca tuvieron éxito como tales.

El actual presidente del PRD, Porfirio Muñoz Ledo, fungió como subsecretario de la Presidencia, secretario del Trabajo y presidente del CEN del PRI bajo el gobierno del licenciado Luis Echeverría y secretario de Educación bajo López Portillo.

El candidato a la presidencia del PRD, Cuauhtémoc Cárdenas es hijo de quien consolidara al PRI como un partido de Estado: el general Lázaro Cárdenas.

Cuauhtémoc Cárdenas fue designado candidato a gobernador del estado de Michoacán por el PRI, por dedazo del presidente López Portillo sin que mediara ningún proceso democrático.

Posteriormente se distanció del grupo en el poder –según algunas versiones– porque no le dieron la dirección de Petróleos Mexicanos. Aunque oficialmente alude que su separación fue por la falta de democracia interna del PRI, de la cual nunca se quejó y aceptó cuando esa situación lo beneficiaba.

Los otros directivos del PRD, como Pablo Gómez y Heberto Castillo, provienen en su mayoría de partidos comunistas y socialistas, que en la década pasada perdieron o estuvieron a punto de perder su registro por la poca votación obtenida.

El PRI de Cárdenas agrupa fundamentalmente a todos los ex-priístas e izquierdistas que no están de acuerdo con las reformas económicas salinistas, a las que califican de neoliberales, derechistas y contrarias al espíritu del PRI del general Lázaro Cárdenas.

El PRI que se mantuvo como PRI, que pretende modernizarse todavía no alcanza a digerir lo que deberían ser sus nuevos programas en base a la reforma salinista. Sufre una crisis de identidad.

Saben que tienen que cambiar, pero muchos de sus miembros no comprenden, después de décadas de demagogia, populismo y estatismo, su nueva posición, ni alcanzan a concretar un programa que ofrecer a los votantes, congruentes con las nuevas políticas del gobierno.

La madre del PRD es el PRI y tiene varios padres: Partido Comunista y Partido Socialista Unificado de México, entre otros partidos de izquierda.

Un triunfo del PRD implica regresarle el poder a los Echeverristas, Lopezportillistas y a los activistas neosocialistas que dictaron las políticas económicas durante las décadas de los 70's y 80's.

No es coincidencia que el líder y presidente del PRD, Porfirio Muñoz Ledo, fuera el presidente del PRI bajo Echeverría. Y que los principales asesores económicos de lo que llama Cárdenas el "nuevo régimen económico", sean varios de los que recomendaron las políticas económicas aplicadas bajo Echeverría y López Portillo (la economista Ifigenia Martinez, entre otros), gérmenes de la inflación y la devaluación de la que todavía no acabamos de salir.

A grosso modo lo que propone Cárdenas es regresar al pasado. En el campo promete, al igual que los del EZLN, regresar al sistema agrario anterior a las modificaciones al Artículo 27 constitucional. Seguir con el reparto de tierras y con una reforma agraria que ya fracasó.

La retórica cardenista es una mezcla del populismo echeverrista y lópezportillista, adaptada a una realidad de los 90's, cuando ya no es popular hablar abiertamente de estatismo y socialismo. Pero no hay una variación de fondo con las políticas económicas de las décadas pasadas.

Ante el descontento de muchos sectores por la recesión y el levantamiento armado de Chiapas, el PRI viejo, ahora personalizado en Cárdenas y Muñoz Ledo, fundamentado en teorías estatistas y neosocialistas, que ya fracasaron en todo el mundo, puede llenar nuevamente los vacíos políticos y canalizar los votos de protesta.

El cardenismo aunque significa "más de los mismo", representa un peligro real de volver al pasado si el electorado no identifica un futuro mejor en los demás partidos políticos: PRI o PAN, principalmente.

76

Los ex-priístas, ahora perredistas, con fuertes recursos económicos, presumiblemente provenientes de las fortunas que se crearon en el poder, son quienes darán la batalla en 1994 al grupo de priístas, jóvenes en su mayoría, que aceptaron y promovieron el esquema salinista.

En medio de esos dos grupos se encuentra una gran masa de priístas, burócratas y ciudadanos en general, que no tienen clara esa división, ni tampoco cuál de las dos tendencias es más beneficiosa para ellos o el país.

El colosismo, que representará al PRI nuevo en el 94, tiene desventajas sobre el cardenismo que representa al PRI viejo, pues muchos de los ajustes que realizó Salinas, necesarios para frenar el proceso inflacionario y devaluatorio, producto de las políticas populistas instrumentadas por Echeverría y López Portillo, han causado recesión y malestar entre empresarios y la clase política que se acostumbró a vivir en el dispendio y la demagogia.

"La Disputa por la Nación", como le llamaron los socialistas Carlos Tello y Rolando Cordera en un libro hace años, se dará en 1994 entre los priístas, que algunos califican de neoliberales y los priístas neosocialistas. Entre consolidar un nuevo México o regresar al México de los 70's y 80's.

Desgraciadamente, son pocos los que tienen clara la opción. En los próximos meses viviremos una lucha para convencer a los mexicanos sobre cuál de esos proyectos es el mejor para construir

PRD   PRI
(PRI VIEJO) & (PRI NUEVO)

CARDENISMO   SALINISMO
ECHEVERRISMO   PRIVATIZACION
ESTATISMO   APERTURA
NEO-SOCIALISMO   NEO-LIBERALISMO

PAN

un México con mejores niveles de vida y oportunidades para la mayoría.

DEL PRD A PEROT

El debate entre el vicepresidente de los EU, Al Gore y Ross Perot dejó claras las contradicciones del multimillonario texano y la similitud de sus argumentos para atacar al Tratado de Libre Comercio, con los utilizados por Cuauhtémoc Cárdenas y los dirigentes del Partido Revolución Democrática, que agrupa a viejos priístas y socialistas en México.

Hay coincidencias de posturas entre un racista demagogo y populista como Ross Perot, con los planteamientos de un partido, PRD, que se sitúa en la izquierda y dice luchar por la democracia, mejores salarios y la soberanía mexicana.

Sin Tratado de Libre Comercio, el proceso democrático, el aumento de nivel de vida de los trabajadores y la mejora ambiental serían más lentos, pues habría menor inversión y empleos. Y no existiría la necesidad de adecuar leyes ambientales ni electorales a las de los países desarrollados.

Si a Ross Perot, a Cuauhtémoc Cárdenas y a Muñoz Ledo les preocupara la democracia en México, subir los niveles salariales de los trabajadores y mejorar las condiciones ambientales, serían los primeros en apoyar el TLC.

A Perot, a Cárdenas y a Muñoz Ledo no les interesa la democracia ni los niveles de vida de los trabajadores ni la ecología, sino ganar votos y llegar al poder.

Para ganar votos y popularidad, tanto los perredistas como Perot decidieron oponerse al TLC. Esa es la principal razón por la que Perot y el PRD atacan al tratado.

Los asesores perredistas sabían que un no al TLC reducía el margen de maniobras del gobierno: le dificultaría bajar la inflación, tasas de interés y sostener tipo de cambio. En ese entorno, a los ex-priístas Cárdenas y Muñoz Ledo se les hubiera facilitado más, ganar clientela electoral.

Perot sostiene, utilizando argumentos nacionalistas demagógicos, que el tratado desplazará capitales y empleo de los Estados Unidos.

Es paradójico que en el país más poderoso del mundo se venda miedo a un país subdesarrollado, pero ese es el producto que trató de vender Perot.

En el caso del PRD, Muñoz Ledo y sus asesores, hablan de que el capital estadounidense vendrá a explotar a los mexicanos, que perderemos soberanía y nos convertiremos en una colonia norteamericana.

Y aunque aparentemente opuestas, la posición PRD-Perot coinciden en explotar y manipular los sentimientos nacionalistas y de soberanía, es decir, son posiciones populistas y demagógicas.

Ambas posiciones, aunque contradictorias y sin fundamentos reales, también coinciden en buscar votos, sin importarles la veracidad y racionalidad de sus argumentos o el daño que causen en las economías de sus países.

Es paradójico que la derecha racista demagógica de Estados Unidos haya coincidido en posiciones con la izquierda demagógica mexicana. Esas convergencias se entienden cuando se analizan las personalidades acomodaticias de los dirigentes perredistas y de Perot.

Perot apoyó el libre comercio con México hasta que decidió lanzarse como candidato presidencial. Es accionista de una zona libre aeroportuaria en EU. Quiere para sus negocios lo que condena para su país.

Cárdenas y Muñoz Ledo apoyaron, participaron y se beneficiaron del sistema monopartidista priísta, mientras formaron parte de él.

Cuando Cárdenas fue elegido gobernador por el PRI nunca se quejó de la falta de democracia ni de fraude electoral. Cuando Muñoz Ledo fue presidente del PRI, nunca habló de la corrupción y autoritarismo del sistema.

Ahora, tanto Cárdenas como Muñoz Ledo, se rasgan las vestiduras, al igual que Perot, por lo que antes apoyaban y consideraban positivo para sus respectivos países.

¿Dónde están los principios y congruencia moral de esos señores? ¿Son dignos de confianza quienes no tiene la más elemental congruencia entre lo que dicen y hacen?

"FRANKENSTEIN" EN CHIAPAS

A través del conflicto de Chiapas, provocado claramente con fines políticos, se están exhumando varios cadáveres políticos e ideológicos.

1. Los cadáveres del marxismo y del socialismo, que en todo el mundo han fracasado, ahora los simpatizantes y promotores del conflicto chiapaneco los quieren revivir.

2. En Chiapas también se revive el odio, la lucha de clases y las viejas tácticas de provocar víctimas, para que después los simpatizantes del neosocialismo se rasguen las vestiduras por los bombardeos y masacres que propiciaron los estrategas e intelectuales izquierdistas, que están atrás del levantamiento armado en Chiapas.

3. A través del conflicto de Chiapas también están exhumando el cadáver del cardenismo. Con la ratificación del Tratado de Libre Comercio, al cual se oponían todos los simpatizantes del socialismo, se redujeron enormemente las posibilidades del triunfo electoral de Cárdenas. Ahora, con la confrontación programada por la izquierda en Chiapas, se desentierra nuevamente el mito del cardenismo.

Aprovechando las víctimas y violaciones a los derechos humanos a que dieron lugar los ataques guerrilleros y gracias al eco de todos los neosocialistas desde los medios de comunicación, se espera que el cadáver del cardenismo y del izquierdismo tenga oportunidades en las elecciones presidenciales del próximo agosto.

4. Chiapas también exhuma el cadáver de la Teología de la Liberación, adaptación del evangelio al marxismo, condenada por el Papa en varias ocasiones.

5. Exhuma a Samuel Ruiz, que antes del conflicto ya casi era un cadáver como obispo, pues El Vaticano estaba por destituirlo. Ahora, las víctimas y la violencia de Chiapas lo reviven para colocarlo como, él mismo lleno de orgullo y satisfacción se autonombró, "vértice" de la Iglesia Católica en México.Y hasta se le puede hacer realidad su aspiración de convertirse en Premio Nobel de la Paz.

6. Los cadáveres de los intelectuales y economistas marxistas y profetas de la violencia, cuyo prestigio y credibilidad estaban enterrados a raíz del abandono del marxismo en la ex-URSS y Europa del Este; ahora esos intelectuales están de plácemes por encontrar en Chiapas un tipo de insurrección que les da oportunidad de afirmar que las teorías marxistas siguen vivas, aunque hayan sido abandonadas en casi todos los países donde Marx era el santo patrón.

En conclusión, **el conflicto de Chiapas entierra cadáveres de indígenas inocentes y engañados, para exhumar cadáveres de ideologías, políticos e intelectuales que parecían convertidos en cenizas en la década de los noventa.**

Las exhumaciones aquí descritas, a costa de muchas víctimas, apestan. Y su olor, aunque represente la oportunidad de alcanzar el poder nuevamente a los ex-priístas y estatistas desplazados u olvidados, aleja la inversión y las oportunidades de mejorar el clima económico y político de México. Y en ningún aspecto representan un avance, sino un retroceso.

Aunque hay quienes sí se benefician con el "frankenstein", mezcla de marxismo, indigenismo y teología de la liberación.

El claro objetivo de ese "frankenstein", que parece ya no controla completamente uno de sus creadores intelectuales, don Samuel Ruiz, es contaminar el cuerpo social de México. Provocar desconfianza, nerviosismo, otra factura política en el grupo en el poder y crear las condiciones para que los emisarios del pasado, que durante los 70's y 80's sumieron en la inflación y la devaluación a nuestro país, aconsejados y asesorados por "académicos" e "intelectuales" de izquierda, vuelvan a decidir sobre el futuro de México.

LA TERCERA DIMENSIÓN DE LA GUERRILLA

En la guerrilla de Chiapas existen tres sectores en lucha. Uno, el de los indígenas, mal armados, que fueron reclutados en su mayoría por "catequistas" de la teología de la liberación. Los indígenas son utilizados como carne de cañón en la lucha contra el ejército.

El segundo sector, un grupo de guerrilleros con ideas y tácticas marxistas, bien armados, entrenados y comunicados entre ellos. La táctica de los guerrilleros socialistas es ocupar una pequeña población. Colocar a los indígenas, los de abajo, en el frente. Y cuando les avisan que va a llegar el ejército, los guerrilleros, los de arriba, se retiran y dejan a los indígenas mal armados, algunos con fusiles de madera, enfrentarse al ejército, quienes los barren fácilmente.

Posteriormente, entra en acción el tercer sector o dimensión del ejército guerrillero: intelectuales, religiosos, políticos y periodistas, que desde diversos medios de comunicación acusan al gobierno de matanzas y de la violación de los derechos humanos.

La resonancia de las acciones guerrilleras y sus interpretaciones es tan o más importante para ellos que las acciones en sí mismas.

Es significativo que muchos intelectuales y periodistas de izquierda parecen estar felices y regocijarse por las víctimas de Chiapas. Sus análisis reflejan las tendencias marxistas, reprimidas en los últimos años, al reconocer públicamente los mismos gobiernos socialistas de la URSS y de Europa del Este, el fracaso del socialismo real para generar progreso y bienestar.

Al escuchar entrevistas por la televisión norteamericana de varios "intelectuales" y académicos de izquierda sobre Chiapas, queda clara la costosa campaña orquestada, tanto en México como en el extranjero, para magnificar y deformar el conflicto chiapaneco. Presentarlo como una rebelión auténticamente indígena es una falsedad. Y acusar únicamente al gobierno mexicano de represor y violador de los derechos humanos por una lucha iniciada por los guerrilleros es ser parcial, es decir, parte de uno de los bandos en conflicto.

Lo más lamentable de esa situación es que cientos de inocentes, guerrilleros y soldados han perdido la vida por un movimiento que busca fines muy diferentes a sacar a los indígenas de la pobreza y miseria.

Existen grupos de intelectuales y políticos que se dicen de izquierda democrática y ex priístas en México, sindicatos y el grupo de Ross Perot en EUA, empeñados en que fracase lo que ellos llaman el modelo mexicano neoliberal. Y que han visto con simpatía el movimiento violento de Chiapas y con regocijo el que la prensa internacional hable de que en México no hay paz social.

Los mismos grupos de intelectuales de izquierda que se opusieron al Tratado de Libre Comercio son los que ahora buscan contrarrestar la inversión que se espera por el TLC, magnificando el conflicto chiapaneco y justificando la violencia.

Aunque hay pobreza en esa zona, como lo muestro en el anexo estadístico, remarco, el levantamiento no es básicamente por la miseria, sino para ganar espacios políticos y desprestigiar a México a nivel internacional.

El aterrizaje de los cambios salinistas y los resultados de las próximas elecciones están ligados en parte al comportamiento de la economía en los primeros seis meses del 94. En 1993 la inflación anual en México fue del 8%, la más baja en los últimos 21 años. Esos niveles de inflación se tenían antes de incorporarse al gobierno varios líderes, intelectuales y economistas de izquierda, simpatizantes del movimiento estudiantil del 68, que influyeron para que en México se instrumentaran políticas populistas a partir de los 70's.

Apenas México está saliendo de un proceso de inflaciones y devaluaciones, causadas por el estatismo y ya hay quienes lo proponen nuevamente como solución.

Con el Tratado de Libre Comercio se espera una gran cantidad de inversiones que puedan financiar la creación de más empleos productivos y elevar los salarios reales de los trabajadores mexicanos, sin embargo, el problema de Chiapas contrarresta esas posibilidades, creando un clima de tensión e inseguridad que reduce la inversión, la creación de empleos y el crecimiento

El problema de Chiapas es fundamentalmente político-ideológico, no de origen económico. Aunque busca crear desequilibrios económicos que faciliten el triunfo político de los partidos de izquierda.

No se debe en ningún momento justificar la violencia ni politizar la violación de los derechos humanos, como han hecho muchos simpatizantes del socialismo violento. Tan responsables de las víctimas y la represión son quienes participan directamente en ese levantamiento armado, como quienes lo justifican en los medios de comunicación o lo utilizan para ganar espacios políticos.

Crear víctimas entre los indígenas para afirmar que el neoliberalismo no funciona e impedir que llegue inversión extranjera o para fortalecer los partidos de oposición, no es justificable bajo ninguna circunstancia.

Teorías que demostraron su fracaso económico en la URSS, Europa del Este, China, Cuba, Nicaragua y que sólo generaron odio y sangre, están siendo revividas artificialmente en México. Y aunque sin ninguna posibilidad de lograr la toma del poder, sí causan mucho daño a un país que apenas empieza a superar los desequilibrios generados por dos décadas de estatismo, intervencionismo y socialismo.

Yo he criticado y seguiré criticando, los errores en las políticas económicas del gobierno y la falta de transparencia en las elecciones, pero considero poco ético y una falta de profesionalismo, deformar los hechos y propiciar víctimas para fortalecer un movimiento armado de pronósticos anárquicos. Y que no representa ninguna solución, sino un agravamiento de los problemas económicos y sociales de la región y, de generalizarse, del país.

De los tres sectores o dimensiones del Ejército Zapatista de Liberación Nacional, el menos responsable de los hechos es el indígena, pues ha sido involucrado con falsas promesas económicas, políticas y hasta de salvación eterna por los teólogos de la liberación.

Los guerrilleros socialistas, la segunda dimensión, dicen luchar por una ideología obsoleta y que ha fracasado. Están en la retaguardia, pero también arriesgan.

La tercera dimensión del ejército zapatista son los que desde editoriales, columnas, desplegados y declaraciones conjuntas de "intelectuales", justifican la revuelta desde sus escritorios y presentan al gobierno como único responsable de las muertes y violaciones desde el mismo día que los guerrilleros iniciaron los ataques.

Ante la falta de argumentos económicos para desacreditar el llamado modelo neoliberal y la ausencia de planteamientos diferentes a los puestos en práctica en México en los años 70's y 80's, los miembros de la tercera dimensión del Ejército de Liberación Nacional, tratan de colocar el conflicto de Chiapas como el resultado de las políticas económicas de apertura, privatización y combate a la inflación del actual gobierno.

Ojalá los lectores sepan identificar a los miembros de la tercera dimensión de la guerrilla socialista, incrustados en varios medios informativos y grupos de intelectuales, que más que la paz y la protección a los derechos humanos, buscan crear un mayor caos, odio y enfrentamiento social a través de la manipulación y análisis parcial de los hechos de Chiapas.

Los intelectuales y analistas de izquierda, o lo que yo llamo la tercera dimensión de la guerrilla, justifican la violencia en Chiapas diciendo que ante la falta de opciones democráticas, sólo les quedaba la violencia como única opción. ¡Falso!

LA RESISTENCIA CIVIL

El Partido Acción Nacional demostró durante la década de los 80's que se pueden ganar espacios políticos y acercarnos a la democracia sin recurrir a la violencia.

Las técnicas de resistencia civil o resistencia pacífica, inspiradas en Gandhi, demuestran que sí existen opciones pacíficas y mucho más dignas que la guerrilla, el terrorismo y la insurrección violenta.

La resistencia civil no necesita violentar el evangelio para justificarse moralmente, ni tampoco que sus actores se cubran la cara con un pasamontañas. No recurre a la violencia, es digna y está claro cuando se violan los derechos humanos en caso de que se generen actos violentos, porque la violencia sólo proviene de una de las partes.

Políticamente, como es el caso de México, la resistencia civil ha demostrado su eficiencia. El PAN logró que se les reconocieran triunfos en tres estados, uno de ellos el más grande de la República, sin recurrir a la violencia.

Manuel J.Clouthier, candidato a la presidencia por el PAN en 1988 dijo claramente: "Cambiemos a México sin odio y sin violencia."

La violencia debe ser sólo un recurso de legítima defensa, pero en ningún lugar del evangelio se recomienda o justifica la violencia para lograr una sociedad más justa, igualitaria o democrática.

90

EL EJEMPLO DE NICARAGUA

Durante muchos años nadie podía afirmar con certeza en América Latina cuáles serían los resultados sociales de un gobierno surgido de guerrilleros socialistas. En el caso de Cuba, su posición geográfica de isla ayudó a mantener el fracaso del régimen castrista a nivel de propaganda "yanqui" por muchos años.

Actualmente existen ejemplos claros que nos demuestran que grupos parecidos al de Chiapas en sus reivindicaciones, estrategias y métodos, cuando llegaron al poder lejos de solucionar los problemas sociales, los agravaron y terminan con situaciones de corrupción iguales o mayores a las que existían antes de que llegaran al poder. Ese es el caso de Nicaragua bajo los sandinistas.

Los miembros del Ejército Sandinista de Liberación Nacional tomaron el poder en Nicaragua. De 1979 a 1990 estuvieron los sandinistas en el poder. Primero bajo la Junta de Reconstrucción Nacional y después con el "comandante" Daniel Ortega como presidente.

Cuatro de lo comandantes sandinistas eran sacerdotes partidarios de la Teología de la Liberación (entre ellos, D'scoto y Cardenal).

Las conquistas para los oprimidos y los marginados de los sandinistas, fue convertir a Nicaragua en el país con mayor caída del nivel de vida en toda América Latina y quizá del mundo en la década de los 80's.

El producto por habitante cayó en Nicaragua de 1980 a 1990, según datos de la CEPAL, en

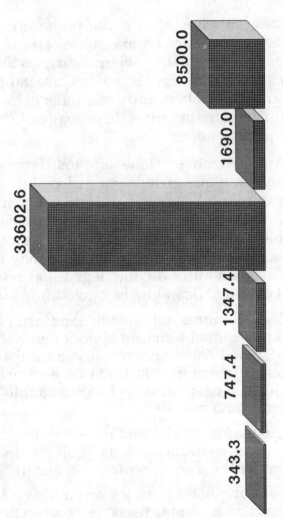

INFLACION BAJO EL EJERCITO SANDINISTA DE LIBERACION NACIONAL

NICARAGUA

VARIACION PORCENTUAL

343.3	747.4	1347.4	33602.6	1690.0	8500.0
1985	1986	1987	1988	1989	1990

PRESIDENCIA DE DANIEL ORTEGA

Fuente: CEPAL

menos 42.3%. Es decir, en promedio los nicaragüenses terminaron 42.3% más pobres al salir los sandinistas que cuando entraron.

La inflación, que a los que más perjudica es a los pobres, alcanzó bajo los sandinistas los niveles más altos de América Latina en la década de los 80's .

En el período en el que fungió como presidente el comandante sandinista Daniel Ortega, entre 1985 y 1990, la inflación en Nicaragua subió en un promedio anual de 7 705%, según datos proporcionados por la CEPAL.

El atraso y la miseria generados en Nicaragua por los "comandantes" han sido tales, que ahora hasta los países que anteriormente tenían menores niveles de vida, como Honduras, les ayudan.

También es conocida en Nicaragua la gran corrupción que impera entre los círculos sandinistas.

El comandante sandinista Daniel Ortega, según un reportaje de Patricia Hernández, "vive en una finca que abarca una manzana con 24 lotes en su interior y un campo de beisbol que perteneció al hijo de Somoza"... "Su hermano, Humberto Ortega, vive en un área equivalente a dos manzanas con abastecimiento propio de agua, luz y vigilancia militar."

Los sectores de la oposición –señala Patricia Hernández– afirman que actualmente las propiedades sandinistas podrían valorarse en 5000 millones de dólares y que Humberto Ortega no es el hombre más rico de Nicaragua sino de toda Centroamérica. (Patricia Hernández. **Uno Más Uno**, 11 de octubre de 1993.)

En 1990 la miseria, el desorden monetario y la corrupción imperante entre los comandantes sandinistas, entre ellos varios teólogos de la liberación, los llevaron a perder las elecciones que convocaron por presiones internacionales.

Esas elecciones demostraron la falta de apoyo popular; sin embargo, en Nicaragua, aunque perdieron las elecciones y ganó Violeta Chamorro, siguen manteniendo los sandinistas el poder real, el control del ejército y el de la economía.

Nicaragua es un ejemplo cercano de hacia dónde nos llevarían los grupos subversivos de ideas marxistas-leninistas y de la Teología de la Liberación, en caso de llegar al poder guerrilleros o partidos con sus mismos planteamientos.

¡POBRE CUBA!

En 1977, hace 17 años, visité Cuba. En aquel entonces todavía querían dar la impresión de ser uno de los territorios más adelantados de América Latina. Recuerdo que nos llevaron a visitar el Museo de la Alfabetización.

Según las cifras que nos dieron, en los primeros tres años de gobierno, Fidel Castro terminó con el analfabetismo y convirtió a Cuba en el primer país sin analfabetas de América Latina.

Visité un hospital para enfermos mentales, según los guías, de los más adelantados de América Latina. Ahí empecé a notar que una cosa era lo que nos decían y otra la que veíamos.

En ese viaje aprendí que **muchas personas, influenciadas por una ideología o dogma, creen lo que les dicen y no lo que ven**.

Esa visita a Cuba me confirmó las grandes carencias económicas del pueblo cubano y la ausencia de libertades políticas imperante en ese régimen.

Como todavía estaba de moda el socialismo y Castro era un abanderado de esa ideología, muchos intelectuales de la talla de García Márquez o dignatarios eclesiásticos como Méndez Arceo, lo calificaban de gran libertador. En tal ambiente era difícil convencer a la opinión pública de lo que en realidad sucedía en esa isla.

Voces aisladas, como las de René Dupont, socialista francés invitado por Castro a Cuba, fue de los primeros que en su libro **Cuba ¿es socialista?**, señaló que en esa isla existe una burda dictadura que esconde su despotismo y violaciones a los derechos humanos bajo el manto del socialismo.

Actualmente son pocos los que ignoran o no quieren ver la triste situación y retrocesos de los cubanos: racionamiento, anemia, falta de agua, de energía eléctrica, transporte, gasolina, etc.

Lo más grave es que Castro no quiere aceptar que él y el socialismo real, no factores externos, son el origen de la endémica y profunda crisis cubana. Se justifica diciendo que todo es debido al bloqueo de los Estados Unidos.

El bloqueo de los Estados Unidos consiste en que los americanos no le venden productos ni le compran. Lo que desde el punto de vista marxista, hubiera generado progreso en Cuba, pues significaba liberarse de la explotación comercial de los capitalistas, ahora dirían del "neoliberalismo".

Durante la década de los 60's, 70's y 80's, la ausencia de comercio con el "imperialismo yanqui" fue compensada teóricamente con el comercio de los países socialistas.

A raíz del abandono del socialismo por la ex-URSS y Europa del Este, quedó claro que más que comercio con los países socialistas, la URSS subsidiaba y mantenía al régimen de Fidel Castro a cambio de utilizar la isla como base de apoyo de sus operaciones de subversión para América Latina.

El agravamiento de la crisis de miseria y escasez en la isla de Cuba no es producto del bloqueo norteamericano, que ya existía desde hacía varias décadas, sino de que los rusos le levantaron la canasta a Castro. Lo dejaron de mantener y pusieron en evidencia que durante 30 años no creó ninguna estructura económica ni riqueza en su país, sólo se dedicó a la politiquería y a sembrar la insurrección en otros países.

¡Pobre Cuba! gobernada por un dictador que por más de tres décadas ha hecho y deshecho a su arbitrio.

Muchos intelectuales y políticos socialistas aún a estas alturas no quieren reconocer que **la lastimosa situación de la isla de Cuba no es debida fundamentalmente a factores externos, sino a un dictador que además de suprimir todas las libertades políticas, instrumentó un sistema anti-económico.**

El socialismo o economía centralmente planificada, como quedó claro en la ex-URSS y en Europa del Este, reduce el ahorro, la inversión, la capitalización, la productividad y el progreso.

Lo mismo ha pasado en Cuba y así seguirá mientras continúe el dictador Castro y el socialismo real, con o sin bloqueo.

EL FINANCIAMIENTO DE CHIAPAS

Una de las interrogantes para muchos mexicanos es: ¿quién financió el movimiento armado de Chiapas? **¿Quién orquestó la costosa campaña propagandística a nivel mundial sobre la violación de derechos humanos en Chiapas, con resultados más resonantes y exitosos que los obtenidos por el gobierno mexicano para apoyar el TLC?**

¿Quién pagó los gastos para lograr que decenas de representantes de organismos de defensa de los de derechos humanos estuvieran en Chiapas?

Hay diferentes versiones, desde que Ross Perot está involucrado hasta que fue autofinanciado con los donativos de los indígenas chiapanecos.

No creemos que Ross Perot haya financiado el movimiento de Chiapas, aunque probablemente esté muy complacido por lo que ahí sucedió. Tampoco pensamos que los indígenas, de quienes los izquierdistas dicen se están muriendo de hambre, puedan haber reunido ahorros para comprarles a los comandantes armas y medios de comunicación modernos y conectarse con los Kennedy en EU, para que dieran testimonio de la violación de los derechos humanos en Chiapas.

Hace como dos años me habló por teléfono una periodista y escritora retirada, norteamericana, casada con un mexicano. Me pidió conectarla con alguna editorial que se interesara en traducir y publicar un libro suyo, publicado en Alemania titulado **The Undermining of the Catholic Church**. Mary Ball, estuvo acreditada en el cuerpo de prensa del Vaticano de 1973 a 1988.

Me comentó que en Chiapas se estaba fraguando un fuerte movimiento socialista, que podía causar fuertes problemas al país y que estaba siendo financiado en gran parte por organizaciones caritativas internacionales a través del obispo de San Cristóbal de las Casas, Samuel Ruiz.

En aquel entonces, no le tomé importancia y pensé que veía "moros con tranchetes", le sugerí visitar algunas editoriales y parece que pronto publicarán su libro.

Al iniciarse el conflicto de Chiapas recibí una llamada de ella y me dijo "ya ve licenciado, se lo dije y usted no me hizo caso".

Según Mary Ball gran parte del financiamiento para armar la guerra en Chiapas provino de la desviación de fondos de ayudas humanitarias para los indígenas.

Mary Ball señala que de varios países europeos se han tomado fondos "donados" por los católicos como ofrendas en las misas para trasladarlos a varios países de América Latina. Cita entre sus fuentes una investigación publicada en un libro que causó sorpresa en Francia, titulado **La Subversión Humanitaria** de Michael Algrin. Algrin afirma que a través de una organización, **Comité Católico para el Desarrollo** (CCFD), cuyas oficinas centrales se encuentran al lado de la Universidad Jesuita de Lovaina en Bruselas, se manejan miles de proyectos de ayuda aparentemente para fines humanitarios, pero en realidad para movimientos subversivos.

Según la periodista Mary Ball y en base a la investigación de Michael Algrin, gran parte del dinero para financiar la guerrilla de Chiapas proviene de un grupo alemán llamado "adveniat", que a través de Bruselas, se destina al Centro de Derechos Humanos Fray Bartolomé de las Casas, dirigido por Samuel Ruiz en San Cristóbal de las Casas.

Quizá sea coincidencia, pero el 11 de enero del 94, el fundador de la Teología de la Liberación, Leonardo Boff declaró al Diario **Reforma** desde Bruselas, donde se encuentra el CCFD, que **"la violencia en Chiapas es producto del hambre y la miseria, por lo que es una rebelión legítima"**.

99

(**Reforma**, martes 11 de enero, 1994. Entrevista por Luis Vásquez. Bruselas, pág. 6A.)

Otro grupo católico al que se le consideró como uno de los principales apoyos del Frente Sandinista de Liberación Nacional en Nicaragua es la orden de misioneros Marykoll de los Estados Unidos, a la que pertenecía el Padre Miguel de Escoto, quien ocupó en esa orden el cargo de director de comunicaciones. Posteriormente, al llegar al poder los sandinistas en Nicaragua, fue Ministro de Relaciones en ese país. No hay pruebas documentales que yo conozca de la participación en México de estos grupos, sólo presuncionales.

Otra de las tesis sobre el "dinero" de Chiapas es que los principales financieros atrás de ese movimiento son políticos opositores al grupo de Salinas, que esperan fortalecer con estos conflictos a los ex-priístas del PRD y demostrarle a Salinas que no puede gobernar sin el apoyo de ellos y que debe cambiar su línea política económica.

Según declaraciones a la revista **Proceso** del sacerdote jesuita Mardonio Morales, la organización del obispo Samuel Ruiz fue rebasada por otros grupos de tendencias violentas. De ahí se puede derivar que hay otros dineros e intereses ligados a organizaciones políticas nacionales. (**Proceso** 13-9-93. En el capítulo de Testimonios y Documentos, reproducimos parte de la entrevista de Mardonio Morales.)

Independientemente de las fuentes de financiamiento, hay indígenas de buena fe, convencidos por la Teología de la Liberación o por injusticias sufridas, que luchan en Chiapas. También entre los comandantes guerrilleros hay marxistas de buena fe, que han sido testigos de miserias y abusos y piensan que a través de esa lucha mejorará la situación.

Desgraciadamente, arriba o atrás de ellos hay quienes velada o sutilmente les han facilitado recursos para instrumentar esa lucha, que a la larga reportará beneficios no a los pobres ni reivindicará los agravios sufridos por los malos gobernantes, sino permitirá alcanzar espacios políticos o satisfacciones intelectuales, personales y beneficios económicos, a quienes en otra dimensión se benefician por los efectos económicos y políticos del conflicto de Chiapas.

En Chiapas hay diversos factores que han contribuido al problema: la miseria, el atraso y las injusticias. Factores que a pesar de ser palpables son los de menor peso para la explosión del conflicto.

Los teólogos de la liberación, que abonaron el descontento con sus prédicas distorsionadas del evangelio son más responsables, al igual que los grupos de guerrilleros ligados a las teorías socialistas que dirigen físicamente a los grupos armados; sin embargo, sería un error afirmar que ellos son los únicos o hasta los principales responsables de lo que sucede.

Existe la presunción de que los principales organizadores y financieros de lo que sucedió a partir del 1o de enero en Chiapas, no están físicamente en esa zona y muchos de ellos se escudan en otros frentes.

Si bien hay gran responsabilidad de don Samuel Ruiz y los teólogos de la liberación por los conflictos armados de Chiapas, ellos han sido rebasados y ya no controlan completamente la situación.

Ayudaron a crear un frankenstein que a nuestro juicio tiene como objetivo principal servir fundamentalmente al Partido de la Revolución Democrática (PRD), y a todos los ex-priístas que lo apoyan para reconquistar el poder.

El PRD está controlado fundamentalmente por grupos de ex-priístas que colaboraron bajo los gobiernos del licenciado Echeverría y López Portillo, pero que han sido desplazados completamente de los círculos en el poder. Más del 80% de los cuadros directivos del PRD están controlados por ex-priístas, como ya lo expresamos.

El PRD busca teóricamente llegar al poder a través del voto democrático; sin embargo, se han encontrado con que la fuerza electoral que alcanzaron en 1988 se redujo.

En 1988 el PRD obtuvo el 44% de la votación en el Distrito Federal, en 1991 sólo el 11%; en Baja California, en 1988 obtuvieron el 55%, en 1989 apenas si rebasaron el 1%.

En Michoacán, donde presumiblemente habían sido víctimas del fraude electoral, a última hora no quisieron contabilizar actas porque se dieron cuenta que obtuvieron mucho menos votos de los que creían.

Ante esa situación, la única posibilidad de

llegar al poder de los del PRD se apoyaba en la posibilidad del surgimiento de un problema económico o político fuerte que desacreditara al gobierno y les permitiera ganar votos en base a la pérdida de credibilidad económica y política del gobierno.

El Tratado de Libre Comercio se convirtió desde el punto de vista económico en uno de los principales apoyos para que el gobierno lograra consolidar sus políticas económicas.

El rechazo a la ratificación del Tratado de Libre Comercio, le hubiera complicado enormemente la existencia al grupo salinista en el poder.

Desde el punto de vista económico el rechazo por el Congreso Norteamericano a la ratificación del Tratado de Libre Comercio, hubiera significado mayores tasas de interés, menor inversión extranjera, pérdida de control de la lucha contra la inflación y la posibilidad de que unos meses antes de las elecciones de agosto, se presentara una devaluación monetaria, que causara tal irritación entre el pueblo que diera su voto mayoritario al Partido de la Revolución Democrática.

Por esa causa los miembros de dicho partido desplazaron una gran actividad para que no se ratificara el Tratado de Libre Comercio tanto en México como en Estados Unidos.

En la prensa norteamericana hubo una gran cantidad de artículos de "simpatizantes" del PRD que esgrimían todos los argumentos posibles para impedir que ese acuerdo se ratificara; sin embargo, se ratificó. Y parecía que con ello el PRD perdía toda posibilidad de triunfar en las elecciones de agosto de 1994 o que los ex-priistas desplazados estuvieran en posición de negociar feudos de poder en el próximo gobierno.

El conflicto de Chiapas le cayó "como anillo al dedo" al Partido de la Revolución Democrática y a los grupos que con y atrás de Cárdenas lo han apoyado financiera y políticamente. ¿Circunstancial y ajena al PRD la violencia en los altos de Chiapas?

Desde el inicio del conflicto en Chiapas, el PRD se ha aprovechado política y publicitariamente de ese conflicto.

La marcha por la paz que culminó en el zócalo capitalino fue utilizada políticamente por Cuauhtémoc Cárdenas, aunque no habló él directamente, sí fue uno de los principales organizadores y utilizó a un despistado teólogo de la liberación para que le llevara agua a su molino.

Al analizar los mítines donde aparece Cuauhtémoc Cárdenas y sus oradores, vemos que el conflicto de Chiapas se ha convertido en su principal bandera. Hablan de la falta de capacidad del gobierno para mantener la paz social. Y de que el conflicto de Chiapas es una respuesta a las políticas salinistas neoliberales y de la violación de los derechos humanos por el gobierno en esa zona.

Y "amenaza" Cárdenas, que si le hacen fraude, habrá muchos Chiapas.

Los mismos diputados del PRD, aunque dicen por un lado condenar la violencia en Chiapas, por otro lado la difunden y la justifican, como lo hicieron clara y descaradamente en el debate de la Cámara de Diputados del 20 de enero.

Aunque no existen pruebas tangibles, sí presuncionales, consideramos que las manos de ex-priístas, ex-funcionarios, ex-líderes obreros e intelectuales desplazados de los círculos del poder, tienen mucho que ver con la magnificación y el estallido del conflicto bélico el 1o. de enero de 1994 y de continuar el problema, ellos serán los principales beneficiados.

SOLUCIONES

Si en realidad el gobierno quiere ayudar a los núcleos más atrasados de indígenas, sin generar inflación, corrupción y burocracia, recomendamos lo siguiente:

1o. Distinguir entre los términos atraso y miseria. Atraso debe entenderse no sólo como carencias económicas sino como una brecha cultural, tecnológica y el mantener patrones de vida correspondientes a épocas pasadas.

La mayoría de los grupos indígenas viven, visten y comen como hace 100 ó 200 años. Pero eso no significa necesariamente que se estén muriendo de hambre o vivan en extrema miseria.

Miseria es en la que viven millones de habitantes en los cordones de pobreza alrededor de la ciudad de México y en otras ciudades importantes. La mayoría de ellos empujados a las zonas urbanas por una demagógica reforma agraria de tinte socialista, que prevaleció por décadas en México. (Véase mi libro **La Disputa por el Ejido**, Editorial Diana.)

La inseguridad permanente en que se mantuvo la mayor parte del territorio nacional y la falta de derechos de propiedad claros, impidió el proceso de inversión, capitalización y modernización del campo.

2o. En base a lo anteriormente descrito, el primer requisito para ayudar realmente a la población rural e indígena a salir del atraso, es consolidar y aplicar íntegramente las recientes reformas al Artículo 27 constitucional, que crean la alternativa de convertir a los ejidatarios en propietarios. Y en base a esa propiedad, que implica las alternativas de vender, comprar, rentar o asociarse, es posible capitalizar, crear empleos y modernizar el campo.

No es sencillo, pero cuál es la alternativa que proponen los socialista, ¿más de lo mismo?, ¿volver al reparto de tierras, como en las últimas siete décadas?

3o. El gobierno debe limitar su ayuda directa a las comunidades indígenas, como lo recomendaba José Vasconcelos, a la educación, construcción de caminos y vías de comunicación. Incorporar a los indígenas, respetando sus creencias y cultura, a la modernidad.

Tratar de subsidiarlos o mantenerlos, para que no se vuelvan a levantar en armas, aunque no hayan sido ellos los que en realidad se organizaron ni dirigieron esa sublevación, nos llevaría a transformar a un sector atrasado y pobre de la población, que son la mayoría de los indígenas, en un sector parasitario y sin deseos de superación, como ha sucedido con la mayoría de los grupos indígenas en los Estados Unidos.

En los Estados Unidos, en base a la acusación histórica de que despojaron a los indios de sus tierras, el gobierno ha querido compensar esa mancha otorgando un gran número de subsidios y facilidades a los indígenas de aquel país.

Los resultados son que de todos los grupos étnicos (negros, árabes, judíos, hispanos, etc., etc.), que han llegado como esclavos o inmigrantes pobres a los Estados Unidos, son los aborígenes de ese país, quienes, debido a las ayudas gubernamentales, no han progresado. Y han sido rebasados en las escalas sociales por los otros grupos de inmigrantes, la mayoría de los cuales llegaron sin dinero ni educación y sin ninguna ayuda del gobierno de los Estados Unidos.

Recordemos el viejo proverbio chino **"no le des pescado a un hombre, sino enséñalo a pescar"**.

4o. Junto con la construcción de vías de comunicación el estado debe fomentar la creación de escuelas técnicas, manejadas por patronatos constituidos por ciudadanos particulares, sin ligas partidistas ni ideologías con grupos que pretendan el poder.

Vías de comunicación y escuelas son las únicas inversiones estatales directas que pueden ayudar permanentemente a superarse a las comunidades indígenas.

5o. Se ha criticado la ausencia del sector empresarial en las zonas pobres. Esto es consecuencia natural del llamado "círculo de la miseria".

Al haber poco consumo por el atraso imperante, casi nadie está interesado en invertir en comercios o industrias en esas regiones, por lo tanto no hay inversión. Y al no haber inversión, no hay empleos ni ingresos para los habitantes de esa región. Y al no haber empleos ni ingresos para los habitantes de esa región, no hay consumo. Y al no haber consumo, no hay inversión. Y así continúa ese círculo.

Una de las formas de romper el círculo de la miseria es a través de inversiones a las que no les interese el consumo local, pero sí la mano de obra relativamente barata. Y ese tipo de inversiones son las llamadas **maquiladoras.**

Sólo las inversiones, no el gasto, sacará a Chiapas del atraso.

En China socialista, después de más de 40 años de práctica del socialismo, teorías marxistas y maoístas, no aumentaron los niveles de vida de los trabajadores chinos; sin embargo, con cuatro años de inversiones de maquiladoras en ese país, se han triplicado los ingresos de millones de trabajadores chinos.

En la medida en que en Chiapas exista un clima de paz y seguridad a la inversión, habrá

oportunidad para que los habitantes de esa región eleven sus niveles de vida.

No hay ningún medio político, jurídico o social que pueda elevar los niveles de vida de los habitantes de una región permanentemente, si no hay capacitación y mejores maquinarias, es decir, acumulación de mayor capital humano y físico.

6o. Mediante una dispensa o reducción especial de impuestos a empresas que se instalen en zonas indígenas en Chiapas o Oaxaca, podría el gobierno incentivar la creación acelerada de industrias y maquiladoras, que a la vez que generan un ingreso para los grupos indígenas y marginados, también los capacitan.

Esas son algunas de las soluciones para acelerar la integración de esas zonas indígenas en una forma realista al desarrollo.

De no hacerlo seguiremos corriendo el riesgo de que grupos políticos de uno u otro signo, sigan utilizando para fines muy diferentes al bienestar de los indígenas, su atraso y su marginación.

CONCLUSIONES

1o. En el conflicto bélico de Chiapas, aunque participaron indígenas, no es un movimiento dirigido fundamentalmente a solucionar los problemas de las etnias, ni sus principales organizadores pertenecen a ese sector de la población.

2o. Aunque hay atraso, miseria, arbitrariedades y carencias y en mayor o menor grado ha sido gobernado por funcionarios que no han mejorado sustancialmente los niveles de vida y sí cometido actos de corrupción, no son esos elementos los que detonaron el conflicto armado, aunque sí lo facilitaron.

3o. En México hay lugares más pobres y con mayores problemas que Chiapas. En Chiapas se dio la insurrección por su situación geográfica. La selva, mucho más densa e intrincada que en Vietnam y su cercanía con Guatemala, donde desde hace décadas operan grupos subversivos que la convierten en el lugar indicado para desarrollar un plan subversivo.

4o. La presencia del teólogo de la liberación, Samuel Ruiz, obispo de San Cristóbal de las Casas desde hace 30 años, fue un factor fundamental para la consolidación de la guerrilla.

5o. La detonación de la insurrección el mismo día en que entró en vigor el Tratado de Libre Comercio con EU y Canadá, demuestra que no se trata de algo fortuito. Y que los objetivos del movimiento van más allá de reivindicar a los indígenas.

6o. Uno de sus objetivos a corto plazo es causar desequilibrios económicos, sembrando desconfianza e incertidumbre entre los inversionistas extranjeros, que se espera llegarán a México a partir de la entrada en vigor del TLC.

7o. Independientemente de la no participación física del PRD y de los cardenistas en la organización del conflicto, ya lo están utilizando para ganar votos, al acusar al gobierno de no ser capaz de mantener la paz social. El PRD, Partido de la Revolución Democrática, que agrupa a un gran número de ex-priístas, con ideas populistas que militaron en el PRI bajo Echeverría y López Portillo y a ex-miembros de los partidos comunistas, ya empezó a usar la violación de los derechos humanos en Chiapas, como uno de sus principales argumentos de campaña. El EZLN puede convertirse en el brazo armado del PRD.

Los ex-priístas e izquierdistas tienen dos cartas para conquistar el poder, la democrática vía PRD y la presión armada, vía EZLN.

8o. El conflicto de Chiapas tiene como objetivo cambiar el panorama electoral a favor de la izquierda en las elecciones de agosto de 1994.

9o. Otros de los beneficiados con el conflicto de Chiapas son varios grupos de poder en los Estados Unidos: sindicatos, congresistas demócratas y Ross Perot.

Esos grupos son los mismos que se opusieron a la ratificación del TLC, pues vieron en ese tratado una salida de empresas hacia México y una pérdida de poder de los sindicatos. Independientemente de la participación o no de esos grupos en el financiamiento directo del conflicto, son de los beneficiados.

10o. Los teóricos beneficiarios del conflicto armado de Chiapas, los indígenas y marginados de esa zona, son y serán los más perjudicados, pues además de las vidas humanas que ya ha

111

costado, de alargarse el conflicto o mantenerse latente, alejará la inversión, que es el único medio de aumentar realmente los niveles de vida de los indígenas y de la población en general de esa región.

TESTIMONIOS
Y
DOCUMENTOS

REPUBLICA MEXICANA

Chiapas cuenta con una extensión de 74,211 Km^2. 16422 localidades: 0.7% urbanas y 99.2%, rurales. Su población es de 3,210,496 habitantes, el 44.2% es menor de 15 años y sólo el 3% mayor de 65 años. El 30% (25 a los 59 años) está en edad productiva. El 21% de la producción de petróleo nacional es extraída de la región del mesozoico de Chiapas-Tabasco, el 47% de la producción de gas natural proviene de la misma región y el 37% de la energía hidroeléctrica.

CHIAPAS

GUATEMALA

115

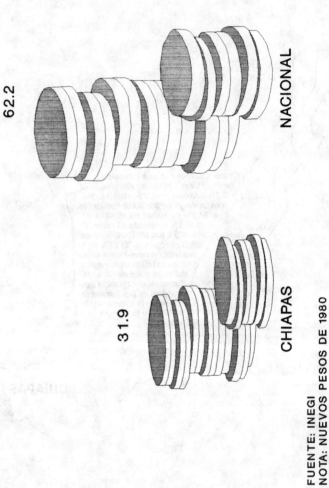

PIB PERCAPITA 1988

62.2

31.9

CHIAPAS

NACIONAL

FUENTE: INEGI
NOTA: NUEVOS PESOS DE 1980

116

POBLACION RURAL
(PORCENTAJE DE LA POBLACION QUE VIVE EN ZONAS RURALES)

OAXACA 60.5
CHIAPAS 59.6
HIDALGO 55.2
PROM. NAL. 28.7
D.F. 0.3

FUENTE: INEGI

POBLACION OCUPADA QUE PERCIBE MAS DE UN SALARIO MINIMO
(PORCENTAJE DE LA POBLACION OCUPADA)

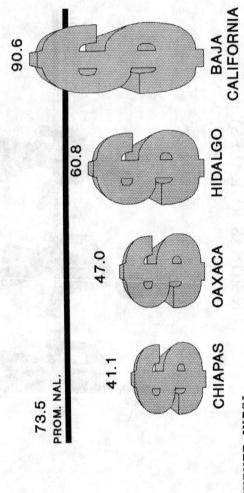

73.5 PROM. NAL.

41.1 CHIAPAS

47.0 OAXACA

60.8 HIDALGO

90.6 BAJA CALIFORNIA

FUENTE: INEGI
NOTA: INCLUYE A LOS QUE NO PERCIBEN INGRESO

118

POBLACION ANALFABETA
(PORCENTAJE DE LA POBLACION DE 15 AÑOS O MAS)

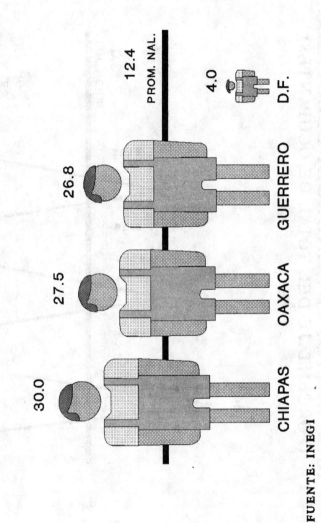

FUENTE: INEGI

119

HABITANTES SIN ENERGIA ELECTRICA
(PORCENTAJE DEL TOTAL DE OCUPANTES)

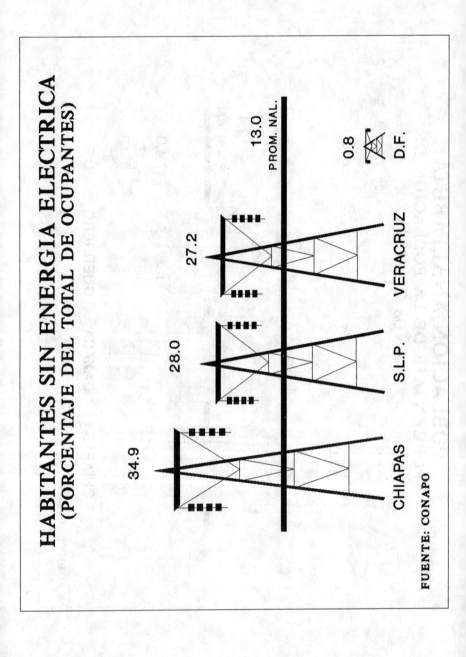

34.9   28.0   27.2   13.0
PROM. NAL.

CHIAPAS   S.L.P.   VERACRUZ

0.8
D.F.

FUENTE: CONAPO

POBLACION QUE PROFESA LA RELIGION CATOLICA
(% DE LA POBLACION MAYOR DE 5 AÑOS)

89.7
PROM. NAL.

67.6

72.2

76.3

97.2

CHIAPAS

TABASCO

CAMPECHE

AGUASCALIENTES

FUENTE: INEGI

121

CHIAPAS

Poblaciones donde se registraron enfrentamientos con el ejército y toma de pueblos por el EZLN.

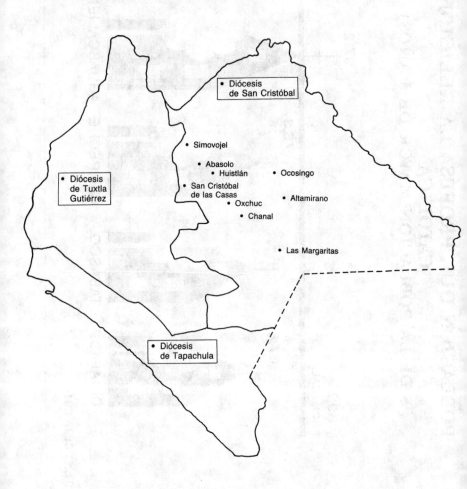

La zona de guerrillas y levantamientos se localiza en la diócesis del obispo Samuel Ruiz, teólogo de la liberación.

DIEZ AÑOS DE GUERRA CIVIL EN EL SALVADOR HAN DEJADO UNA LACERANTE SECUELA DE POBREZA EXTREMA

SAN SALVADOR, 5 de junio (1990) (EFE)- La guerra que encara El Salvador, el país más densamente poblado de América Latina (230 habitantes por kilómetro cuadrado), desde hace más de una década ha dejado una secuela de pobreza extrema que se manifiesta en el elevado índice de desempleo, analfabetismo, falta de vivienda y atención médica, señalaron portavoces oficiales.

Esos índices colocan a El Salvador como uno de los países más pobres del continente, aseveran los informantes.

Según las fuentes, cerca de 40 por ciento de los salvadoreños son analfabetas y un porcentaje similar de la población económicamente activa sufre algún tipo de desempleo, unas 600,000 familias no tienen vivienda y 60 de cada mil niños nacidos vivos mueren antes de los cinco años por falta de atención médica.

Sin embargo, organismos no gubernamentales consideran conservadoras estas cifras y aseguran que el desempleo en El Salvador alcanza casi 60 por ciento y el analfabetismo es superior a 50 por ciento.

La carencia de recursos debido al desgaste económico causado por más de una década de guerra y los altos gastos militares, superiores a 30 por ciento del presupuesto nacional, hacen difícil hacer descender esas cifras, aseveran fuentes del magisterio nacional.

Sólo la cruenta ofensiva militar lanzada por la guerrilla en noviembre último dejó 29 escuelas destruidas o dañadas, la mayoría de los barrios populosos de San Salvador, donde se desarrollaron violentos combates entre soldados y rebeldes.

Concepción Herrero, coordinadora de un proyecto interministerial relacionado con la salud y cuestiones sociales, declaró que en el campo económico y social. El Salvador perdió la década pasada. que se caracterizó por grandes desplazamientos de personas a causa del conflicto.

Fue una década perdida. La guerra generó graves problemas sociales, como la desintegración de la familia salvadoreña y mucha pobreza, agregó.

Destacó que más de setecientas mil personas, de una población de unos seis millones de habitantes, han emigrado a otros países en los últimos años para escapar del conflicto bélico que según cifras oficiales, ha causado pérdidas materiales superiores a los 4,000 millones de dólares.

Concepción Herrero resaltó que la mayor parte de quienes han abandonado el país son profesionales y obreros calificados que buscan mejores condiciones de vida en otros lugares, sobre todo en Estados Unidos.

En muchos casos, el ingreso por familias de seis u ocho miembros es de setenta dólares mensuales, los cuales no alcanzan para cubrir los gastos básicos, dijo.

Por su parte, la Procuradora General de la República, Rhina Rey Prendes, manifestó que el acceso al trabajo está restringido, lo cual, profundiza los niveles de pobreza.

Organizaciones laborales salvadoreñas han denunciado el despido de unos cuatro mil empleados públicos durante los últimos meses, como parte del programa de Ajuste Económico, de corte neoliberal, que impulsa el gobierno del Presidente Alfredo Cristiani, quien ascendió al poder el primero de junio del año pasado.

Excélsior 6/6/90

MARIANO: NOS HEMOS PREPARADO 10 AÑOS

* Afirma que su guerra es por el socialismo.

* Quieren eliminar de aquí el capitalismo.

* "Mucho tiempo de ignorancia, pobreza".

MIGUEL GONZÁLEZ
Corresponsal

EN LA ZONA DE GUERRA, A 15 KMS. DE OCOSINGO "Nuestro ejército se formó en 1983 y durante los últimos diez años lo estructuramos para tener una organización militar no de la burguesía, sino del pueblo", afirmó el capitán de las fuerzas del EZLN en Ocosingo, Mariano, y agregó: "No queremos nada más un cambio de gobierno; esta guerra es por el socialismo".

En breve entrevista, durante un receso en el combate que libran desde ayer con elementos del ejército mexicano, el capitán Mariano expresó que "aceptaremos que haya muchos heridos o que nos estén derrotando, pero nunca vamos a entregar las armas".

Sobre los orígenes del EZLN precisó que "el 1o. de enero empezó la guerra, le declaramos la guerra al enemigo, pero hace muchos años ya se había formado nuestra organización, después de la matanza de los estudiantes fue cuando comenzó".

Primero, comentó, "se formó la guerrilla, que

andaba nada más en las montañas, luego fue creciendo y se fue extendiendo; se incorporaron al movimiento campesinos, maestros, obreros y así formamos el Ejército Zapatista de Liberación Nacional (EZLN)".

Se fueron integrando muchos compañeros campesinos que estaban inconformes con la situación, porque ya eran muchos años de esperar respuestas a nuestros problemas, son muchos años de pobrezas e ignorancia y por eso decidimos irnos a la guerra", indicó.

El capitán Mariano refirió que "se declaró la guerra el primer día de este año, dimos un buen golpe al enemigo, tomando varios puntos del estado de Chiapas; tomamos estaciones de radio, oficinas de gobierno y nuestra guerra se conoce ya en todo México e incluso en otros países".

"Queremos que se entienda bien que esta no es una guerra sucia, sino una guerra limpia. No queremos nada más un cambio de gobierno, esta guerra es por el socialismo; queremos exterminar el sistema capitalista e instituir el socialismo como muchos países lo han hecho, y bajo ninguna condición vamos a deponer las armas".

Reiteró que "aceptaremos que haya muchos heridos o que nos derroten, pero nunca entregaremos las armas, seguiremos la revolución hasta ganarla con las armas en la mano y ese es nuestro objetivo".

Expuso que "fuimos la guerrilla cuando estábamos en las montañas, sin el apoyo de las comunidades; en los pueblos no nos daban nada. Pero después de hacer un trabajo político en las ciudades, con las masas, logramos el apoyo de los compañeros y comenzaron a entrar más campesinos a la guerrilla, y llegó un momento en que ésta creció mucho, eso fue en 1983, y en ese momento se forma el ejército".

"Nos llamamos así –dijo– porque estamos estructurados como un ejército, tenemos grados y organización militar, como el ejército federal, pero nosotros somos diferentes, somos un ejército del pueblo, no de la burguesía".

Aseguró que "en todas las ciudades de Chiapas alguien nos está apoyando. Hay muchos compañeros; dondequiera tenemos compañeros, incluso en otros estados".

Cuestionado sobre cuántos integrantes tiene el EZLN, señaló que, "por razones tácticas, no le puedo dar datos al respecto".

El capitán Mariano aceptó que en los países donde se ha practicado el socialismo hay pobreza, desigualdad y la gente también se muere e hambre, y muchos hace tiempo abandonaron ese camino. Empero, argumentó que "se debe entender que México no es lo mismo que otros países. No son los mismos los habitantes de un país y otro".

Para los miembros del EZLN, afirmó, el socialismo en México "sí va a funcionar".

Manifestó que ahora con el TLC hay mucha gente inconforme con el gobierno, en fin, hay muchos cambios en el gobierno. Primero, no hay democracia, y eso es lo más elemental en México, todo mundo sabe que no hay democracia. Cuando se hace cambio de presidente, a nosotros no nos preguntan si estamos o no de acuerdo con el candidato, cuando vemos las noticias en la televisión es porque ya está el candidato, sin preguntarnos, y gane o no la elección, ese va a quedar".

Sobre por qué aparecieron hasta ahora, insistió: "porque esto es diferente. Este es un ejército diferente al de países como la URSS. Primero nos constituimos en guerrilla y luego formamos el ejército, y tenemos nuestra fuerza mexicana de milicia, que son como auxiliares nuestros. Somos soldados profesionales".

Sobre su estrategia militar señaló que las zonas "que vayamos ocupando pretendemos mantenerlas y defender a la población civil, porque sabemos que el ejército, al recuperarlas, las va a maltratar".

Sin embargo, respecto a la retirada de San Cristóbal de las Casas apuntó que "lo que tratamos fue de conservarla hasta lo último, y si no se puede, retirarnos".

"Nosotros –concluyó– estamos desarrollando una guerra armada, política, ideológica y económica, porque no podemos hacer otro tipo de guerra primero que la armada".

Excélsior 4/1/94.

Fragmento de la entrevista de Mario Vázquez Raña, director general de *El Sol de México* al nicaragüense, ex comandante sandinista "Cero", Edén Pastora.

"Cuando yo veo a los guerrilleros de Chiapas con un **RPG-7**, y no con uno, sino con dos y tres, y los veo con una **RPK**, un fusil ametralladora de apoyo, y los veo cn una carabina **M-16**, no un fusil, hablo de una carabina que es el arma reglamentaria de las tropas de asalto de Estados Unidos y que sólo las manejan ciertos sectores, porque, don Mario, son armas que no se consiguen ni en el mercado negro, yo conozco la ruta de esas armas, Nicaragua-El Salvador-Guatemala. Cuando veo una camisa café y un pantalón verde olivo, que era el uniforme de las milicias que yo fundé en el 81, en Nicaragua, a mí me preocupa.

"Cuando veo que se organizan mil, dos mil, tres mil hombres armados en Chiapas sin ser detectados por los cuerpos de inteligencia civiles y militares de México, me da a entender que ahí hay una inteligencia superior con capacidad y experiencia conspirativa, con capacidad económica y militar.

"No es una cosa que se improvisa, cuando yo veo que ahí en Chiapas no es detectado, sino solamente señas pequeñas que hacen que los confundan con narcotraficantes, yo me doy cuenta de que esta gente está asesorada por personas con experiencia conspirativa...

"Deduzco que éste no es un caso aislado del resto de América Latina; no es el caso de Genaro Vázquez, ni de Lucio Cabañas. Es algo tremendo".

–Hace unos momentos usted hablaba de la pobreza en esa región de nuestro país, ¿considera que este factor, como muchos lo aseguran, fue determinante en este conflicto?

"Son las conjugaciones de las dos leyes políticas, internas y externas. Internamente esa situación estaba desde hace 15 o 20 años y no se había encendido la pradera hasta que se dan las otras leyes externas, como la necesidad de que la izquierda centroamericana tiene de la política armada en Mesoamérica y aprovecha la situación, las condiciones positivas que están en Chiapas, hambre, explotación, marginación, pobreza, todas esas cosas.

"Ahora México es otro distinto, al que había antes del primero de enero; México despierta cuando aparecen miles de guerrilleros en Chiapas, que no es el problema, ni los guerrilleros ni las armas, el problema es el precedente.

"Ese precedente ha cambiado totalmente la problemática interna mexicana. Ese ejemplo de Chiapas calienta la mente de los 'cabezas calientes' que hay en México como en todas partes del mundo.

"La izquierda mexicana hoy está de plácemes, se frota las manos de felicidad cuando ven que no se quedan atrás del resto de América. Cuando su política está de moda en Chiapas, en el territorio mexicano...

–Debido a la frontera del estado de Chiapas con Guatemala, ¿cabe la posibilidad de que elementos de la guerrilla de este país estén involucrados?

"No es sólo la misma guerrilla de Guatemala, es la misma guerrilla de El Salvador y de Nicaragua. Son problemas comunes. Haya una raya imaginaria o no exista, lo cierto es que tenemos el mismo idioma, la misma religión, tenemos los mismos problemas, la misma raza.

–Señor Pastora, ¿esa gente con rifles de madera, esa gente pobre, no se usa como política, para que se acuse al Ejército de matarlos en desventaja?

"La política es distraer al Ejército, pero después lo utilizan políticamente de esa forma para desvirtuar al adversario, al contrincante, usan a esos muertos para hacer propaganda armada.

"Eso es clásico de la guerrilla: convertir a las derrotas militares en victorias políticas.

"Un muerto, es una derrota, eso lo convierte políticamente en una victoria".

–En estos momentos todo nos hace suponer que los líderes de la guerrilla se encuentran ocultos en la sierra de Chiapas, ¿lo cree factible?

"Creo que sí están, pero como le dije, don Mario, los mexicanos han tenido oportunidad de adquirir experiencia política y militar en el resto de Centroamérica.

"El lenguaje de ellos refleja nivel cultural, nivel

político, refleja que manejan la problemática. Definitivamente hay diferentes niveles. Que hay razones, causas exógenas fuera de México, sí las hay; los brazos, la ruta por donde llegaron esas armas, definitivamente son fuera de México.

"Esas armas RPG-7, RP-40 son rusas, ya no son soviéticas. También vi armas como el M-16, que es fusil y lanzagranadas estadunidense, eso lo usan las tropas de asalto norteamericanas, lo mismo que las carabinas M-16, que es un arma que la CIA repartió a los 'contras' del norte y que grandes cantidades de estas armas fueron capturadas por el Ejército Popular Sandinista".

El Sol de México 27/1/94

ALGUNAS RAZONES
Y SOLUCIONES DEL EZLN

El Ejército Zapatista de Liberación Nacional (EZLN) recurrió a las armas "porque no nos dejaron otro camino".

......"los compañeros decidieron alzarse este mismo día para responder al decreto de muerte que les da el Tratado, con el decreto de vida que les da alzarse en armas para exigir la libertad y la democracia que los va a llevar a la solución de sus problemas".

"El objetivo inmediato es que en las zonas liberadas empiecen a operar nuestras leyes agrarias, o sea que el campesinado se organice tomando la tierra, respetando la pequeña propiedad rural y trabajándola en colectivo, desconociendo todas las deudas que haya con el gobierno, Banrural, todas las carteras vencidas y todo eso, todo eso lo desconocemos en todas las zonas rurales porque donde nos movamos van a empezar a operar esas leyes, o sea, la antigua Constitución antes de que la reformaran. Ese es el plan inmediato que tenemos, o sea, organizar la vida rural de este país de acuerdo a la voluntad de la mayoría de nuestros compañeros, que es que haya tierra, porque sí hay, que la repartan, porque de pronto dijeron que ya no iban a repartir."

Subcomandante Marcos.

La Jornada el 19/1/94.

CHIAPAS: CONSPIRACIÓN INTERNACIONAL

Edén Pastora "El Comandante Cero". Ex sandinista y ex guerrillero. Sus acciones fueron definitivas para el derrocamiento de Somoza. Actualmente es oposición al grupo sandinista.

El de Chiapas, dado el volumen de armas, la clase de armas y la estrategia con que se han arrojado, indica que tienen conexiones con la izquierda internacional.

Lo que me parece que en Chiapas hace saltar la chispa que incendia la pradera, es aquella relación que une históricamente a Cuba y México.

Anteriormente, Cuba no dejaba que las izquierdas internacionales se metieran en México, porque su gobierno iba de la mano con el de Cuba.

Pero en este sexenio ya los políticos mexicanos están más alineados con Estados Unidos y soltando el apretón de manos con Cuba: veo que empiezan a actuar aquí más abiertamente los cubanos anticastristas; veo que los "balseros" ya están llegando a México y entonces eso le preocupa a Castro.

Fidel había estado evitando que las guerras le causaran problemas al gobierno de México: les tenía la luz roja puesta a las izquierdas. Pero ahora les apagó esa luz y les pone la luz verde.

Por eso ahora llegan e incendian la pradera.

Chiapas vive situaciones que a mí me dejan ver que ahí está la izquierda internacional: la cantidad de armas, el costo de esas armas, el manejo de la propaganda armada, el nivel político de los guerrilleros zapatistas..."

(Entrevistado por Cosme Haces. Publicado en **Reforma** 23/I/94. p. 6A).

EL OBISPO RUIZ FUE IMPLICADO EN OTRA REBELIÓN EN 1983, ENTONCES HALLARON ARMAS EN EL SÓTANO DE UN TEMPLO

OLGA MORENO SOLÍS

Hace 11 años estuvo a punto de ocurrir otra rebelión armada en los Altos de Chiapas, presumiblemente promovida por el obispo de San Cristóbal, Samuel Ruiz, y algunos sacerdotes de la diócesis, varios de ellos extranjeros, la que se desactivó al serles decomisadas cajas con armas, sistemas de radiocomunicación, uniformes del ejército camuflajeados y propaganda de una organización de izquierda.

Estas cajas fueron encontradas por elementos de seguridad pública del gobierno de Chiapas, en el sótano de la sacristía del templo del Carmen, ubicada atrás del altar mayor. Fueron trasladadas hasta esa población a bordo de autobuses de pasajeros, que tenían como destino final la ciudad de Comitán.

El gobernador era entonces el general Absalón Castellanos Domínguez, y el secretario general de Gobierno Javier Coello Trejo, quien tuvo a su cargo la investigación y al que Samuel Ruiz acusó de haber violado la santidad del templo del Carmen con la entrada de la policía del estado, pero sin aclarar para qué tenían esas armas escondidas ni demandar que les fueran devueltas.

Lo anterior fue informado con toda oportunidad por EL HERALDO DE MÉXICO, al igual que los detalles de la fallida rebelión que estaba organizando el obispo de San Cristóbal; los lugares de reunión con las cabezas de los diferentes grupos que se estaban entrenando; los disfraces que utilizaba Samuel Ruiz para presentarse ante ellos a las altas horas de la noche; las instrucciones que les daba.

La acción que estaban organizando a principios de 1983 los integrantes de la diócesis de San Cristóbal, coincidió con las incursiones del grupo de indígenas entrenados por el ejército guatemalteco denominado "kaibiles", en los campamentos de refugiados instalados en territorio mexicano.

El Heraldo 23/1/93.

EL CRISTIANO ANTE
LAS ELECCIONES

En vísperas de las elecciones presidenciales en 1988, el Partido Socialista Unificado de México (PSUM), antes Partido Comunista, publicó un escrito dirigido a los cristianos solicitando su voto. Ante esa situación, que creó confusión entre los católicos, el Cardenal Don Ernesto Corripio Ahumada, Arzobispo Primado de México, publicó un documento que por su importancia en la vida política de México, transcribimos algunos párrafos:

"A la jerarquía de la iglesia no le toca aprobar o desaprobar los partidos políticos, porque los partidos buscan el poder para gobernar y la iglesia no tiene que gobernar la sociedad. Paralelamente, ningún partido político puede decir que realiza en plenitud el compromiso cristiano en lo político.

"Pero es responsabilidad de la jerarquía de la iglesia advertir a los cristianos qué cosas pueden poner en peligro su fe. Por esto si hubiera un partido que propusiera como programa de acción la libertad exagerada y sin límites, la libertad de explotar a otros, y el lucro sin medida como motor de la vida económica, la jerarquía denunciaría como liberalista a ese partido e indicaría a los cristianos que la adhesión a ese programa acabaría con su Fe.

"Por eso mismo, la jerarquía nos hace saber que, dado que la filosofía marxista es materialista y niega las verdades que la Fe nos enseña acerca de Dios y del Hombre, la adhesión o el voto por un partido marxista, que se guía en su acción por la teoría socialista que elaboraron Marx, Engels, Lenin y otros, es un serio peligro para la Fe, porque esa teoría contradice la Fe. Además la práctica revolucionaria de la lucha de clases, ha producido muchos crímenes en los países donde se la ha tomado como método para adquirir el poder. La jerarquía de la iglesia en la ciudad de México, denuncia esto ante los cristianos, para

135

que no les suceda que, creyendo que luchan en favor del hombre, sean a la postre conducidos a producir una situación de destrucción del hombre y de la sociedad, porque nada que avive el odio y aliente la lucha del hombre contra el hombre, puede estar inspirado en el Evangelio de Jesucristo...

"El cristiano lucha por el hombre, no contra otros hombres.

—Lucha por una sociedad en la que cada uno encuentre las oportunidades de ser más consciente, responsable y libre.

—Lucha por una sociedad en la que se unan las libres voluntades de todos y se conjuguen libremente las capacidades de todos para lograr el bienestar de la sociedad.

—Lucha por una sociedad en la que la economía sea un instrumento para el desarrollo del hombre y no un fin de la existencia. El cristiano busca la dignificación del hombre por el trabajo y la desaparición de la lucha de clases.

—Lucha por una sociedad en la que la verdad sea la norma de las relaciones, la base de la confianza y la meta de la actividad política.

—Lucha por una sociedad en la que la misericordia y el perdón sean la base para la llegada de una sociedad justa.

"El compromiso del cristiano en los comicios, es votar por un partido que se comprometa a crear una sociedad, en la que cada uno encuentre la oportunidad de ser más hombre, más consciente, más responsable y más libre, para que así pueda vivir como hijo de Dios." (Termina cita).

La fe católica está por arriba de los partidos políticos y sistemas económicos. El católico, como tal, debe rechazar cualquier partido o sistema, llámese fascista, socialista, nacional so-

CHARITY OR SUBVERSION?

by Stefano Maria Paci

The bitter controversy surrounding the CCFD, the Catholic Committee for Development Aid, had simmered down. Now a new book is destined to re-ignite the debate. And, while the Secretary General of the CCFD, Bernard Holzer, maintains that the organization has solely charitable aims, the author of the book, Michel Algrin, has no doubts: the CCFD finances Marxist subversion. And the debate continues...

A guerrilla priest celebrating the Eucharist in a village of Guatemala.

* La amarga controversia en torno al Comité Católico para el Desarrollo (CCFD), se había desvanecido, ahora un nuevo libro está destinado a encender el debate. Mientras el Secretario General del CCFD, Bernard Hozler, sostiene que la organización sólo tiene fines caritativos, el autor de este libro, Michel Algrín no duda en afirmar: "La CCFD financia rebeliones Marxistas". Y el debate continúa. . .

cialista, nacional revolucionario, derechista, capitalista, etc., que no respete los derechos fundamentales del hombre y no coadyuve a crear un ambiente que propicie la libertad para que cada ser humano pueda realizar sus aspiraciones tanto materiales como espirituales. En otras palabras, lo que los Aristotélico Tomistas llaman el "bien común".

"HAY GUERRILLEROS EN CHIAPAS DESDE HACE OCHO AÑOS; GRUPOS RADICALES INFILTRARON A LA IGLESIA Y A LAS COMUNIDADES"

GUILLERMO CORREA (Proceso)

Relato del jesuita Mardonio Morales
(Fragmentos de la entrevista)

Lacandonia.- Desde el corazón de la selva chiapaneca, el sacerdote jesuita Mardonio Morales, quien lleva más de 30 años en la región, asegura que la existencia de guerrilleros es un hecho no de ahora, sino por lo menos de hace ocho años. Cuenta que la semilla ideológica fue sembrada desde 1974 por el Grupo Torreón y dividió a la Iglesia.

Menciona que hubo grupos "ideologizadores", que siempre actuaron con dos caras, y entre ellos estaban el Partido Socialista de los Trabajadores (PST); la organización Quipticta Lecoptusel; la Unión de Uniones Ejidales y Grupos Campesinos Solidarios de Chiapas; las Asociaciones Rurales de Interés Colectivo (ARICS), formadas por la Unión Nacional de Organizaciones Regionales Campesinas Autónomas (UNORCA); la Organización Campesina Emiliano Zapata (OCEZ) y la Alianza Nacional Campesina Independiente Emiliano Zapata (ANCIEZ).

Todos ellos, explica, influidos por el grupo norteño de Política Popular, conocido como los Pepes o Línea Proletaria, cuyas cabezas fueron Adolfo Orive, actual director de Capacitación de la Confederación Nacional Campesina (CNC), y Hugo Andrés Araujo de la Torre, diputado del PRI y líder de esa central.

El padre Mardonio, que ha pasado la mitad de su vida entre los indígenas de la selva, no tiene dudas: El origen del movimiento armado en Chiapas está en el grupo que se dio en llamar también "Línea de Masas", el cual infiltró a la Iglesia, aunque después les hicieron a ellos lo mismo organizaciones más radicales.

Dice que hay sacerdotes que optaron por el camino violento, pero explica que la clave está en la forma en que se originó la mentalidad de la guerrilla, a la que no se debe sacar de un contexto de extrema pobreza, de cercanía con los guerrilleros guatemaltecos y de actividad cada vez más fuerte del narcotráfico en la selva...

La preocupación es cómo va a quedar la imagen de don Samuel Ruiz, obispo de San Cristóbal de las Casas, quien siendo una figura que mantiene la denuncia sobre la explotación de los pobres, es acusado de ser el autor de todos estos procesos. Ahora, con la campaña publicitaria de Solidaridad, han querido calmar el descontento, pero como don Samuel mantiene su actitud, es difamado con mayor fuerza para deslegitimar su trabajo, aprovechar la nueva relación Iglesia-Estado y descalificar a los obispos comprometidos...

Precisa que Samuel Ruiz ha denunciado la existencia de los grupos violentos, "pero es muy cuidadoso y no puede dar nombres. En conversaciones que tenemos, nos transmite su preocupación, y dice que están equivocados, y que su pensamiento es totalmente contrario al de ellos"...

Todo empezó, dice, poco después del Congreso Indígena de 1974, realizado en San Cristóbal de las Casas, con el obispo a la cabeza. Nos consultó la conveniencia de trabajar con un grupo que venía de Torreón. En esa ocasión nos habló ampliamente el licenciado Adolfo Orive, quien a mí, en lo personal, me impresionó mucho por su claridad de exposición.

Realmente entusiasmó la manera en que explicó la organización que tenían, sobre todo en las colonias de Monterrey, por manzanas. Y cómo preparaban a la gente para una lucha de acción civil, al estilo, decía, de los Pepes, o sea Política Popular, que tuvo su origen en Torreón, cuya ideología se basaba en la doctrina maoísta, esto es, que el poder está en las masas, que todo sale de ellas y que no hay jefes.

Al terminar su exposición, nos hizo una propuesta. Dijo: Aquí en San Cristóbal de las Casas ha aparecido, después del Congreso Indígena del 74, el trabajo tan profundo que llevan ustedes en las comunidades. Son unos magos de la pastoral. Pero sin ofender a nadie, no tienen ninguna preparación para la organización estrictamente política. Yo vengo hacerles un ofrecimiento: Ustedes encárguense de la pastoral, y nosotros de la organización política. Tienen las comunidades en sus manos; podemos de esta manera completar nuestro trabajo. La posición era tentadora. Después, se salió para que discutiéramos. En términos generales nos pareció deshonesto entregar las comunidades a personas que, aunque parecían muy bien intencionadas, eran ajenas. Era una especie de arreglo entre cúpulas...

Mardonio Morales recuerda que "nos pareció que no convenía aliarse con ellos, que si querían entrar y trabajar en las comunidades, nosotros no les íbamos a cerrar las puertas, pero que tampoco les íbamos a entregar las comunidades. Por lo tanto, no hubo trato; así se le comunicó al señor Orive y ahí se rompió la relación. Ya no volvimos a tener noticias de él".

En ese tiempo, agrega, se contaba tan sólo en la región tzeltal, con alrededor de 2000 catequistas, dispersos por toda la selva y la sierra alta. Teníamos muchísima relación con la gente y confianza total de ellos hacia nosotros.

Sin embargo, pasó algo que constituye el origen de lo que ahora está sucediendo. En contra del acuerdo, Javier Vargas, misionero seglar en la parroquia de Ocosingo, y conmigo inspirador del Congreso Indígena, estableció relación directa con los de Torreón...

Narra que los asesores se fueron multiplicando. Todo en secreto, porque existía una prohibición diocesana al respecto. Trabajaban con gran abnegación y entrega, hombres y mujeres venidos desde Torreón. Así, crearon, con rapidez, la Quiipticta Lecoptusel; después la Unión de Uniones; luego las Arics; en fin, una serie de organizaciones muy fuertes, con mucha eficacia, que daban la apariencia de que aquello iba para arriba.

Que yo sepa, el obispo nunca dio el espaldazo a la entrega de las comunidades a los de Torreón. Aunque, viendo los avances reales económicos que se iban encontrando, se sentía muy satisfecho. Los que animaban todo esto eran Javier Vargas y el padre Vicente Foster.

Los dos constituían el alma. Pero pronto encontraron problemas con los finqueros de Ocosingo y optaron por retirarse. De hecho, el retiro del padre Vicente se vio como normal, porque su parroquia estaba en manos de los dominicos de California, Estados Unidos, y luego pasó a poder de los dominicos mexicanos. Sin embargo, siempre tuve noticias de que sigue en la selva, ayudando a este tipo de organización...

...A mí me hicieron a un lado; incluso estaba planeado sacarme de la diócesis. Fue cuando en junio de 1980 se produjo la matanza de Golonchán, en la que por lo menos murieron 40 campesinos. Su política consistía en entrar a todas partes. Primero lo hicieron en Ocosingo, luego en la región de Las Margaritas, que es el sureste y, paralelamente, en Sabanilla, donde estaba el sacerdote que había coordinado el congreso de los choles. Toda esa región la fueron metiendo en lo que ellos llamaban la organización.

Su objetivo era controlar a todos los agentes de pastoral. La zona tzeltal llegó a estar totalmente dirigida por ellos. Tenían sesiones secretas en la región de Ocosingo y Comitán. Ahí estaban Jorge Santiago, de los nuevos de Bachajón; Chema Castillo, Carlos Tapia, Alejandro Buenrostro. En esas reuniones secretas organizaban la manera de controlar las asambleas de la diócesis.

Lo que nosotros no sabíamos era que se ponían de acuerdo para manipular las asambleas, incluyendo a jesuitas, dominicos, misioneros del Sagrado Corazón y el clero secular...

Rápido se extendieron a toda la selva. Si una comunidad católica que entraba a la Iglesia no estaba de acuerdo en su totalidad con la organización, la excluían, le negaban los sacramentos. Para poder recibir el bautismo o el matrimonio, tenían que pertenecer al grupo fundado por los norteños. Esto dividió a las comunidades y muchas se hicieron protestantes. Con este sistema de control de las asambleas sacaban acuerdos que eran sacrosantos y que se debían seguir. Por lo pronto, a nosotros, para alejarnos, nos llamaban "discordinados", porque no nos sujetábamos a sus indicaciones...

Mientras tanto, la labor económica y política en las regiones selváticas de Ocosingo y Las Margaritas seguía adelante.

No sabemos en qué momento exacto entraron la Organización Campesina Emiliano Zapata (OCEZ) y la Alianza Nacional Campesina Independiente Emiliano Zapata (ANCIEZ), que son de tendencia extremista, y se apoderaron del movimiento de los norteños. Supimos que poco a poco los asesores del norte se fueron retirando. Parece que la OCEZ y la ANCIEZ son lo mismo, con distintos nombres y frentes.

De acuerdo con el jesuita, dentro de estas organizaciones hay dos tendencias: una muy radical, y otra que señala que todavía no es el momento del levantamiento armado. Asegura que a principios de este año tuvieron una reunión para resolver las diferencias en la concepción. La consigna era no separarse, cualquiera que fuera la resolución:

Si se resolvía que todavía no era el momento adecuado, acataban la orden, y si era lo contrario, entonces todos jalaban parejo. Y la resolución fue que era el momento.

—¿Cómo sabe eso?

Bueno, pues se sabe por lo que se ve y los datos que da la gente...

Cuentan con una red de asesores de tipo económico y de organización. Con ello tienen a la gente en la mano. Y con esta careta han organizado también toda la cuestión de las radios, que es la forma en que se encuentra comunicada la selva entera, hecho al que, sin querer, también contribuyó don Samuel.

—¿Por qué el obispo Samuel Ruiz nunca se dio cuenta de esto?

Mi pensamiento personal es que don Samuel veía en todas estas organizaciones un avance real en el mejoramiento de la gente. El sólo observaba la máscara, no lo que había detrás. Creo que en gran parte se fue con la finta. Es decir, pensó que era una organización económica, social, con base en la pastoral de la diócesis. Y de repente se dio cuenta de que existía toda una organización militar.

Lo ha denunciado claramente: en la diócesis hay gente comprometida con la cuestión política, con la cuestión armada. Agentes de pastoral que están –nunca dice nombres– comprometidos en cuestiones políticas, y eso es algo que yo no puedo aceptar. Lo ha dicho claramente. Ahora, yo creo que la situación lo rebasó. Pero de ahí a concluir que él fue el organizador, es otra cosa.

–¿O sea que fue toda una estrategia para aprovechar el trabajo que había realizado la Iglesia?

–Sí, y contar con el apoyo de la Iglesia también. Engañaron a don Samuel y a otras personas. De hecho, ahora, los padres de Ocosingo también están ya muy alarmados y no saben cómo hacerle porque el pueblo les dice: "Ustedes nos metieron en la organización, y ahora se salen, pues qué sentido tiene".

Dice que también se produjo una gran división entre jesuitas y dominicos, y entre los jesuitas y dominicos, y entre los jesuitas mismos: "Eran dos líneas totalmente opuestas, irreconocibles. Los culpables de esta fragmentación son los del Grupo Torreón".

Sostiene: "Creo que las actividades de tipo guerrilla vienen desde entonces. Reflexionando, se da uno cuenta desde cuándo se estaba preparando todo para una organización violenta".

–Al Grupo Torreón se le identificaba con la ideología maoísta. En Perú sucede lo mismo con Sendero Luminoso. ¿Cómo se da el fenómeno en Chiapas?

–De hecho, nosotros encontramos que hay poblaciones enteras que posiblemente estén amenazadas de muerte, aunque hay un secretismo muy fuerte. Una vez le pregunté a una muchacha de Ocosingo: ¿No vas a visitar a tu papá? No. Está re'peligroso allá. Todo mundo anda armado. En otra ocasión, me dijo: No, pues mi papá andaba con el padre Vicente. ¿Cuál? Pues el que siempre nos ha acompañado: fue él quien empezó la organización.

El padre Mardonio señala que en la selva el aislamiento es casi total. El obispo Samuel Ruiz, consciente de esa realidad, buscó la manera de tener comunicación: "los de la organización le propusieron la entrega de radios en las comunidades. Lo hizo sin imaginarse que lo que buscaban era proporcionar medios estratégicos a la guerrilla".

Proceso 880/13 de septiembre/1993, págs. 12, 13 y 15.

EL EVANGELIO REVOLUCIONARIO

Fragmentos de la entrevista del periodista Cosme Haces, corresponsal de los diarios Reforma y El Norte, al padre José Luis Cortés, Superior de los dominicos y al padre Julián Aguilar, superior de los salesianos, en San Cristóbal de las Casas, teólogos de la liberación y cercanos colaboradores del obispo Samuel Ruiz.

"Si yo predico que los bienes de la creación son para todos, mis palabras desde luego que tendrán un efecto político, considera Cortés."

"Hay una explotación espantosa de los indígenas, y tanto autoridades como caciques, los ven como animales..."

"...Hace 33 años Samuel Ruiz llegó a esta zona como obispo y al darse cuenta de la miseria en que vivía la población, adoptó lo que se llama 'opción por los pobres', e inició nuevas formas de evangelización..."

"Explicó que los catequistas se convirtieron en animadores de sus comunidades y en promotores sociales, también regionales, al establecer alianzas entre diferentes poblaciones con fines comunes. Todo esto empezó cuando llegó Samuel y por eso los ricos y los caciques, además del gobierno le echan la culpa de la guerrilla..."

"El padre Aguilar lleva un distintivo en el pecho, un botón de apoyo para que se conceda el Premio Nobel de la Paz al Obispo Ruiz..."

"...Hay una atmósfera de liberación que está impregnada en la cultura latinoamericana y que anima a muchos grupos indígenas, negros, oprimidos, a movilizarse y organizarse en función de la superación de sus problemas. De esa atmósfera de la liberación viene también la Teología de la Liberación.

"Entonces yo diría que allí hay una relación dialéctica. Por una parte hay una atmósfera general de liberación. Los anhelos de emancipación están dados en la cultura, en la organización de los pueblos; que se expresan, también, entre otros, en la Teología de la Liberación.

"La Teología de la Liberación los devuelve a las comunidades y grupos, y así refuerza esa atmósfera. Entonces yo creo que se puede decir, sí que hay elementos de liberación, y de Teología de la Liberación en los grupos que están metidos en ese proceso...

"Lo importante no es la Teología de la Liberación. Lo importante es la liberación concreta, histórica, del pueblo. Sobre esa liberación la teología, la sociología y la política pueden hacer una reflexión. Y la Teología de la Liberación existe porque primero, ya está en curso un proceso de liberación que sirve de material de reflexión. Y según, porque la significación y la existencia de la Teología de la Liberación reside exactamente en eso: en reforzar el proceso real, histórico, del pueblo por su liberación.

"Entonces lo importante no es decir 'estamos con la Teología de la Liberación'; sino decir: 'queremos la liberación como otros la quieren' y la teología también intenta reforzar eso...

"La decisión de las armas no es una decisión de los oprimidos. La violencia que ellos utilizan es una defensa contra una violencia primera que se hace insoportable. El comandante Marcos lo ha expresado muy bien, diciendo: 'Nos mueve la miseria y el hambre'.

"Generalmente el hambre y la miseria son conservadoras. No movilizan al punto de encaminar rebeliones y procesos de liberación porque cada uno intenta preservar su lugar y sobrevivir. Pero pueden llegar momentos de grave destrucción del tejido social en el cual no hay otra alternativa sino la protesta y la rebelión.

"Y yo creo que esa rebelión es legítima. Es un derecho de la vida y es también una protesta política contra todos los fracasos de medidas gubernamentales que no atienden, mínimamente, la degradación del pueblo...

"Teológicamente yo diría que son como mártires. La teología trabaja con la categoría de la muerte. No la muerte querida, sino una muerte que es dada como precio por una causa, por un empeño, que va más allá de la persona y de su biografía.

"Entonces esos que están allí, empeñando, luchando por sus hermanos, saben que van a sufrir la persecución, eventualmente la tortura y eventualmente la muerte. Y la aceptan. ¿Qué significa? Que hay causas, especialmente la lucha por la justicia y la supervivencia, en función de las cuales vale sacrificar la vida. Y eso está en la gran tradición de héroes, mártires y profetas; que consideran más glorioso morir violentamente que sobrevivir en libertad, pero con vergüenza y alineados de la causa de la justicia...

"... el TLC es un arreglo de los pudientes, de los ricos del mundo; que siempre mueven políticas que les interesan a ellos. Es decir, es el manejo del capital. El capital está allí no para resolver el problema de los pobres sino para reproducirse él mismo. Entonces que en este momento haya la contrapartida dialéctica, la protesta, la resistencia, la denuncia; eso tiene un alto significado analítico, simbólico y ético...

"Samuel Ruiz es un obispo extremadamente consecuente. Es uno de los protagonistas de la Teología de la Liberación a nivel del episcopado latinoamericano.

"A raíz de esto sufrió una doble persecución. Primero del Vaticano que prefiere la paz burocrática que un empeño por la justicia para el pueblo, con los conflictos que esto trae. Y, por otra parte, sufrió también la presión de instancias de la burguesía local y del Gobierno central (junto con el Vaticano), para desmoralizarlo para debilitarlo; pero él, en este momento, ha demostrado una gran coherencia defendiendo el derecho de la lucha del pueblo y, a la vez, llamando al Gobierno a su responsabilidad para respetar los derechos humanos."

Reforma 11/1/94

QUIENES ME ENSEÑARON
EL CATECISMO ME INVITAN AHORA
A SER GUERRILLERO

Ricardo Alemán Alemán y David Aponte, enviados, y Elio Henríquez, corresponsal, Huixtán Chis., 6 de enero.

"Cuando yo era niño, ellos eran los catequistas. Me enseñaron el Padre Nuestro y el Ave María". El indio tzotzil, que por cinco horas caminó por las montañas para salir del municipio de Huixtán en busca de ayuda, "porque ya no tenemos comida, dice seguro, convencido, con voz de decepción y tristeza: "Y eran los mismos, los catequistas de hace más de 20 años, los que la madrugada del primer día de este año –1994– nos invitaron a sumarnos al Ejército Zapatista".

–¿Y cómo los reconoció? ¿Eran los líderes?

–¡Cómo no...! Sí, sí eran, si viven en el mismo pueblo. Son hombres conocidos que han ocupado puestos en el PRI, han sido autoridad –dice el tzotzil que se identificó plenamente y creyó en la palabra de los enviados de que no revelarían su identidad.

–¿Eran los mismos que dirigían a los guerrilleros?

–Los zapatistas llegaron como a la una de la mañana del día primero. Ocuparon la plaza principal. Eran como 300, ocho de ellos con esos rifles con cuerno... Los demás traían escopetas, machetes y palos con un pico. Todos tenían un jefe, un hombre alto que hablaba bien español y que le traducían al tzotzil.

–¿No que los conocía?

–Sí... Los armados eran unos, pero los hombres grandes eran los que trataban de convencernos para que nos uniéramos a los guerrilleros –dijo desesperado el indígena, de escaso metro y medio de estatura.

–¿Y quiénes son los hombres grandes?

–Los del pueblo, los que han sido del PRI. Tienen como 60 años, son varios y ellos nos trataron de convencer de que nos uniéramos a los de la guerrilla. Eran los catequistas cuando yo era niño. Los otros, a los que llegaron y tomaron el pueblo, no los conozco.

La jornada 7/1/94

AMENAZAN GRUPOS ANTI TLC DE EU CON DESPRESTIGIAR EL TRATADO

LUCÍA DOMVILLE/SOCORRO LÓPEZ

Congresistas de Estados Unidos, opositores al Tratado de Libre Comercio (TLC), asociaciones públicas como Citizens Trade Campaign y la AFL-CIO, advirtieron que si en algún momento el gobierno mexicano viola leyes internas en el conflicto de Chiapas, iniciarán una campaña de desprestigio del acuerdo comercial.

Fuentes del Capitolio señalaron que es improbable un rechazo del TLC, pero la campaña de acusaciones podría afectar la imagen de México dentro de Estados Unidos y a nivel internacional, lo que provocaría un impacto entre inversionistas y empresarios.

Los congresistas estadounidenses se proclamaron en favor de supervisar los derechos humanos, pedir la observación internacional y además monitorear las elecciones federales de agosto próximo. En el TLC se deben garantizar los derechos humanos, dice la agrupación North Americans for Democracy in México.

Financiero 2/1/94.

PARTIDO DE LA REVOLUCIÓN DEMOCRÁTICA ¡POR LA PAZ, LA JUSTICIA Y LA DEMOCRACIA!
(desplegado)

A partir del 1o. de enero, la situación del país cambió drásticamente el deterioro de las condiciones de vida y de trabajo de la inmensa mayoría de los mexicanos, como consecuencia de la implantación autoritaria del proyecto neoliberal, hizo crisis en Chiapas, entidad en que además se ha venido aplicando ancestralmente una administración sesgada de la justicia y se ha garantizado impunidad a los verdaderos infractores de la ley para legitimar el despojo de tierras, aguas y bosques a indígenas Tzeltales, Tzotziles, Choles, Mames, Tojolabales y Zoques, entre otras etnias, quienes hoy viven en la más completa miseria y han sido víctimas de la violación sistemática de sus derechos humanos.

La crisis política más importante del sexenio, que múltiples factores desataron en Chiapas, debe llevar a una revisión profunda tanto de la política como de la economía y la procuración de justicia, porque son esos los ámbitos en donde se encuentran las causas principales de la protesta extrema que se expresó con las armas para reivindicar libertad y democracia; un gobierno de transición, elecciones limpias y una competencia igualitaria para todos los partidos.

Ha quedado claro que el programa más importante del gobierno, PRONASOL, es sólo un paliativo clientelar que no modifica las estructuras ni los comportamientos que originan la miseria. Se ha evidenciado la urgencia de cancelar la política neoliberal basada en la concentración de la riqueza y en la exclusión social y la necesidad de transformaciones económicas que resuelvan con justicia la cuestión agraria, el problema del empleo, del salario y de la producción nacional y reorienten las instituciones políticas hacia la defensa y promoción de todos los derechos humanos.

México, DF, 11 de enero de 1994

¡DEMOCRACIA YA, PATRIA PARA TODOS!

Llamamos a nuestros militantes y simpatizantes a la marcha de solidaridad con el pueblo de Chiapas del monumento a la Revolución al Zócalo, que se efectuará el día de hoy, 12 de enero a las 16 horas.

La Jornada 12/1/ 1993.

LOS VÉRTICES: CAMACHO Y SAMUEL

Autonombrados "vértices" en la solución del conflicto chiapaneco por el propio obispo de San Cristóbal, Samuel Ruiz y Manuel Camacho han logrado colocarse en una posición de protagonismo de la que cualquiera que sea el desenlace, ya resultaron ganadores.

En la perspectiva del relevo en la Presidencia de la

República, ambos personajes se han convertido en elementos clave para los acontecimientos que desembocarán en las elecciones del 21 de agosto:

Manuel Camacho, porque tras su descarte en la decisión presidencial ha resurgido como un fuerte aspirante a la Presidencia.

Samuel Ruiz, porque logró no sólo aplazar su renuncia forzada desde la Santa Sede, sino revertir la propia política vaticana a su favor y en contra del mismo representante papal Gerónimo Prigione.

El obispo Ruiz, hizo imposible su remoción, porque ningún obispo que lo sustituyera hubiera sido capaz de encarar la rebelión en Chiapas, que el episcopado ya venía venir por sus propias fuentes de información.

La confusión en torno a la revuelta de Chiapas ha forzado a los analistas, mientras obtienen mayores datos, a centrarse sólo en los que por ahora se han beneficiado del conflicto: Camacho y Samuel, obispo.

Las investigaciones de REFORMA arrojan los siguientes datos obtenidos de fuentes confiables no gubernamentales.

PERSONAJES CLAVE

Karl Lenkersdorf Schmidt: alemán, que actúa como instructor en guerra de guerrillas, junto con varios canadienses.

Jeannine Archimbaud: francesa o canadiense, compañera del anterior; actúa principalmente en el reclutamiento de militantes femeninas.

Amílcar Pinto Canter: actúa en la coordinación entre guerrilleros y Teólogos de la Liberación Marxista.

Artemio Parada: mexicano. Se afirma que recibió adiestramiento guerrillero en Cuba.

"Pedro": Guatemalteco. Exdirigente de la organización guerrillera URNG.

SACERDOTES INVOLUCRADOS

P. Heriberto Cruz Vera: Mexicano. Llegó a Chiapas en 1992 desde Cuba. Maneja el periódico clandestino "El Despertador del Pueblo".

P. Felipe de Jesús Toussaint: Mexicano. Muy involucrado con grupos de línea violenta en el estado.

P. Jorge Barón: Argentino. Pertenece a la línea de la Teología de la Liberación Marxista.

P. Joel Padrón: Actúa en Simojóvel en coordinación con el padre Heriberto Cruz.

P. Pablo Romo Sedano: dominico clasificado como de la Teología de la Liberación Marxista.

P. Jerónimo Hernández: Mantiene contacto con grupos armados en Palenque, Ocosingo y Yajalón.

P. Pablo Nadoni: es el contacto con Karl Lenkersdorf.

GUERRILLAS

Ejército Zapatista de Liberación Nacional (EZLN) fundado en 1973.

Fuerzas Armadas de Liberación Nacional (FALN) esta guerrilla operó en Ocosingo de 1971 a 1979, bajo el comando del "Hermano Pedro".

Unión Revolucionaria Armada (URA), operó a finales de los 80.

Cosme Haces y Fermín Vásquez

(**Reforma** 19/1/94

LEY DE AMNISTÍA

Artículo 1o.- Se decreta amnistía en favor de todas las personas en contra de quienes se haya ejercitado o pudiera ejercitarse acción penal ante los tribunales del orden federal, por los delitos cometidos con motivo de los hechos de violencia, o que tengan relación con ellos, suscitados en varios municipios del estado de Chiapas del día primero de enero de mil novecientos noventa y cuatro al día veinte del mismo mes y año, a las quince horas.

El Ejecutivo Federal integrará una Comisión que coordinará los actos de aplicación de la presente Ley.

Artículo 2o.- Los individuos que se encuentren actualmente sustraídos a la acción de la justicia, dentro o fuera del país, por los delitos a que se refiere el artículo 1o., podrán beneficiarse de la amnistía, condicionada a la entrega de rehenes y de todo tipo de armas, explosivos, instrumentos u otros objetos empleados en la realización de los mismos, en los términos que fije la Comisión.

Artículo 3o.- La amnistía extingue las acciones penales y las sanciones impuestas respecto de los delitos que comprende, dejando subsistente la responsabilidad civil y a salvo los derechos de quienes puedan exigirla.

En el caso que se hubiere interpuesto demanda de amparo por las personas a quienes beneficia esta ley, la autoridad que conozca del respectivo juicio dictará auto de sobreseimiento.

Los efectos a que se refiere este artículo se producirán a partir de que la Comisión declare la cesación definitiva de los actos de honestidad.

Artículo 4o.- Las personas a quienes aproveche esta ley, no podrán en lo futuro ser interrogadas, investigadas, citadas a comparecer, detenidas, aprehendidas, procesadas o molestadas de manera alguna por los hechos que comprende esta amnistía.

Transitorios

Primero.- Esta ley entrará en vigor el día de su publicación en el Diario Oficial de la Federación.

Segundo.- Esta ley deberá ser fijada en bandos en las diversas poblaciones que se encuentran en la zona de conflicto tanto en idioma español, como en las lenguas que se hablen en dicho territorio.

México D.F., 21 de enero de 1994.

(Publicada en el **Diario Oficial**, el 22/1/94)

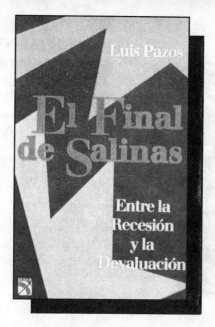

EL FINAL DE
SALINAS

Luis Pazos realiza un análisis que presenta en sus exactas dimensiones los cambios de Salinas y los probables escenarios para finales de sexenio. Nos permite conocer los principales aciertos y errores del actual gobierno. Los desenlaces posibles al final del sexenio y la herencia de Salinas al próximo presidente de México.

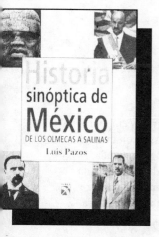

HISTORIA SINOPTICA DE MEXICO

● Qué fue la Cristiada, en la cual murieron más mexicanos que durante el derrocamiento de Porfirio Díaz.

● Quiénes fueron los presidentes y cúal ha sido su actuación desde la Independencia hasta nuestros días.

Pazos presenta cuadros sinópticos y fotografías que nos permiten ubicar fácilmente los personajes y hechos más relevantes de la historia de México, desde la cultura olmeca hasta Carlos Salinas de Gortari. Es un instrumento de gran ayuda didáctica para estudiantes de historia y maestros que buscan interesar a sus alumnos en el pasado de México.

DEL SOCIALISMO AL MERCADO

¿Por qué?
- En Latinoamérica caen los niveles de vida.
- En la URSS bajan del pedestal a Lenin.
- Taiwan acumula más del doble de dólares de reserva que toda Latinoamérica.
- Juan Pablo II recomienda el sistema de mercado y reprueba el socialismo.

Las respuestas a esas interrogantes -que implican los fenómenos socioeconómicos más importantes del siglo XX- las encontramos en una forma clara, fundamentada y sencilla en el libro del profesor Luis Pazos, Del Socialismo al Mercado, Las Enseñanzas del siglo.

LA DISPUTA POR EL EJIDO

La reforma agraria ¿enriqueció a funcionarios y empobreció a campesinos?. Pazos señala que sin solución al problema del campo, los habitantes de las ciudades tampoco podrán aumentar sus niveles de vida en una forma permanente. Y en la medida que más ciudadanos conozcan las causas y soluciones a la problemática agraria, será más fácil que el actual gobierno instrumente las verdaderas soluciones.

MARX
Profeta de la violencia

LUIS PAZOS

En nombre de Marx

    gobernaron a un tercio de los seres humanos,

    líderes obreros estallan huelgas,

    guerrilleros luchan por derrocar gobiernos,

    intelectuales piden la abolición de la propiedad privada de industrias y comercios,

    gobernantes expropian tierras, nacionalizan empresas y aumentan impuestos,

    la religión es considerada un instrumento clasista, al igual que el Estado y la familia.

    MARX, Profeta de la violencia, de Luis Pazos, pone al alcance del estudiante, en una forma clara y sencilla, la tesis marxistas que han influido en múltiples leyes y políticas implantadas en los países iberoamericanos.

ESTA EDICIÓN DE 10 000 EJEMPLARES SE TERMINÓ DE
IMPRIMIR EL 4 DE ABRIL DE 1994 EN LOS TALLERES
IMPRESIONES Y ENCUADERNACIONES TAURO
SAN ANTONIO ABAD No. 39 COL. OBRERA
06800, MÉXICO, D.F.